REMÈDES ANCESTRAUX

CATAPLASMES, COMPRESSES, ETC.

Direction éditoriale : Hélène Tellier
Coordination éditoriale : Marion Balbarie
Suivi éditorial : Marine Cornaire
PAO : Nathalie Lachaud, Francis Rossignol
Photogravure : Bertrand Desboudard

www.editions-artemis.com

ISBN : 978-2-8160-1959-9
N° d'éditeur : 8160
Dépôt légal : octobre 2022

Achevé d'imprimer : septembre 2022
Imprimé en Europe par Impression World

REMÈDES ANCESTRAUX

CATAPLASMES, COMPRESSES, ETC.

Philippe Chavanne

ARTÉMIS
ÉDITIONS

SOMMAIRE

INTRODUCTION

Il ne faudrait surtout pas croire que l'homme a attendu l'émergence d'un Big Pharma qui se veut désormais omniprésent, tout-puissant et intouchable pour commencer à se soigner efficacement. Et il ne faudrait pas imaginer non plus qu'il a attendu le rouleau compresseur d'une pharmacopée 100 % chimique qui montre régulièrement ses très étroites limites, ses effets secondaires pour le moins indésirables, voire ses dangers... pour la santé (!) pour prévenir ou guérir avec succès toute une série de maux tour à tour bénins ou beaucoup plus sérieux.

Depuis la nuit des temps, l'homme a toujours pris soin de lui en utilisant prioritairement ce qu'il avait sous la main : ce que Dame Nature lui offrait – et lui offre d'ailleurs toujours – avec une extraordinaire générosité. Pendant des dizaines, des centaines et même des milliers d'années, quasiment depuis qu'il est sur Terre, il a accordé une confiance pleinement justifiée aux plantes, à l'argile et à une poignée d'autres produits naturels qu'il pouvait se procurer facilement et qui donnaient (et donnent toujours) des résultats concrets.

Surtout depuis la fin de la Seconde Guerre mondiale, la donne a complètement changé. Le développement d'une industrie chimique voulant s'imposer de gré ou de force dans tous

les pans de notre vie quotidienne a complètement bousculé les choses. Et pas vraiment pour un mieux... La pharmacopée chimico-industrielle s'est empressée de balayer d'un revers de main méprisant les remèdes – tisanes, cataplasmes, onguents... – qui avaient pourtant largement fait la double preuve de leur efficacité et de leur innocuité dans le respect des dosages, posologies et bonnes utilisations. Mais, quoi que prétendent les discours des géants du secteur, l'essentiel n'est plus, aujourd'hui, de préserver la bonne santé des populations. Devenu industriel, le secteur du médicament a développé bien d'autres priorités : la rentabilité à tout prix, la satisfaction d'actionnaires de plus en plus gourmands, la mainmise sur les décideurs politiques, le développement d'un lobbying pesant directement sur les politiques de santé nationales, européennes et internationales...

En un mot comme en cent, les progrès de la médecine occidentale au cours du siècle dernier et les impératifs économiques d'un secteur réputé pour son insatiable avidité ont relégué les remèdes ancestraux – aussi efficaces soient-ils – au fin fond des oubliettes. Ce n'est que très récemment – face aux agissements parfois douteux de l'industrie du médicament, face aussi à la complaisance suspecte des décideurs politiques de tous bords, face encore aux limites et dangers de nombre de médications allopathiques – que le rapport à la santé et à la maladie a commencé à changer chez un nombre toujours plus important de consommateurs. À commencer à évoluer dans le meilleur sens du terme.

De plus en plus de personnes se tournent à nouveau vers les remèdes naturels privilégiés par nos aïeux lointains ou plus proches. Elles redécouvrent les propriétés et les bienfaits des tisanes, des compresses, des onguents, des cataplasmes ou des pommades. Ce revirement se remarque dans quasiment toutes les couches de la population avec, cependant, une plus forte prédominance chez les personnes ayant un niveau d'éducation plus élevé et au sein des familles avec enfants, les parents désirant dans toute la mesure du possible préserver leurs bambins des dangers de la pharmacopée chimique.

Certes, les inconditionnels du tout chimique rétorquent que les médicaments allopathiques font l'objet de nombreuses études (souvent effectuées ou commanditées par les laboratoires eux-mêmes d'ailleurs, ce qui laisse planer un très légitime doute sur la valeur et la véracité de ces études) et qu'ils bénéficient d'une « pureté chimique » à nulle autre pareille. Problème : c'est justement cette « pureté » qui fait la principale faiblesse de ce genre de médicaments. Hyperstandardisés, ils ne prennent pas en compte l'individualité et les spécificités de chaque patient. Ils ne l'envisagent pas non plus dans sa globalité, apportant dans bien des cas des réponses beaucoup trop ciblées que pour être efficaces sur le long terme.

Certes aussi, ces mêmes partisans de la médecine occidentale allopathique prétendent que les remèdes ancestraux - qu'ils qualifient de manière simpliste de « remèdes de grands-mères » - n'ont pas fait l'objet d'études scientifiques suffisantes. Ce qui est de moins en moins vrai. Un nombre extraordinairement élevé de plantes, d'huiles essentielles et d'autres produits naturels (dont les argiles) ont déjà fait et font encore l'objet de nombreuses recherches et études qui, à condition qu'elles soient menées de manière impartiale, confirment l'efficacité de ces « aides » naturelles, ainsi que leur innocuité dans le respect des bonnes utilisations. Et c'est sans même évoquer l'expérience empirique - centenaire, voire millénaire - de tous ceux qui ont su, au fil du temps, utiliser les produits naturels et soulager un grand nombre de maux sans porter atteinte à la santé de leurs patients.

Aujourd'hui, un grand nombre de remèdes ancestraux reviennent sur le devant de la scène. Avec une priorité pour les compresses, cataplasmes, tisanes et autres infusions. Sans oublier des onguents, des pommades… Une question mérite dès lors d'être posée : et si les précieux remèdes ancestraux - séculaires, millénaires et pourtant si modernes - représentaient en finalité le - véritable - progrès ?

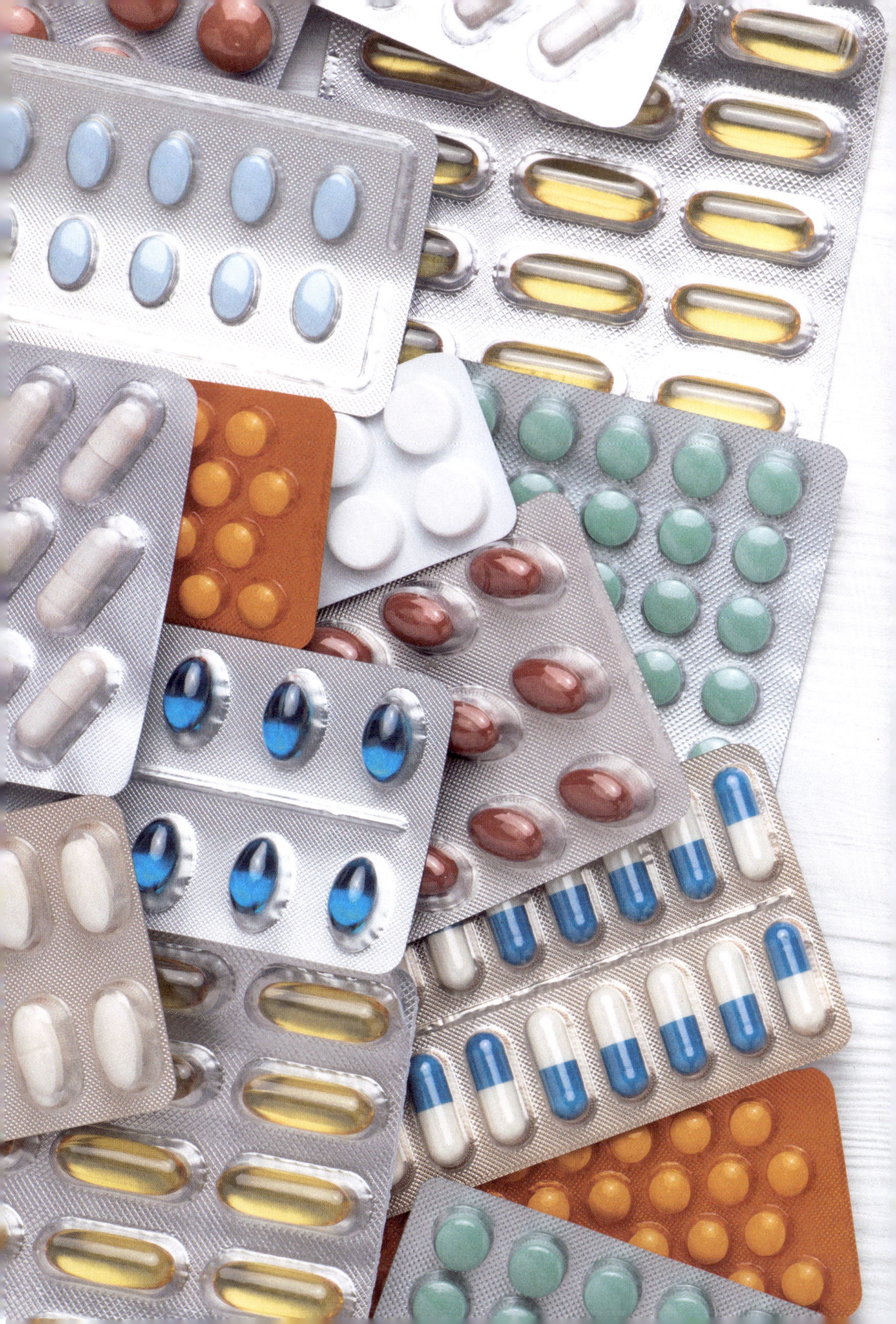

COMPRESSES ET CATAPLASMES

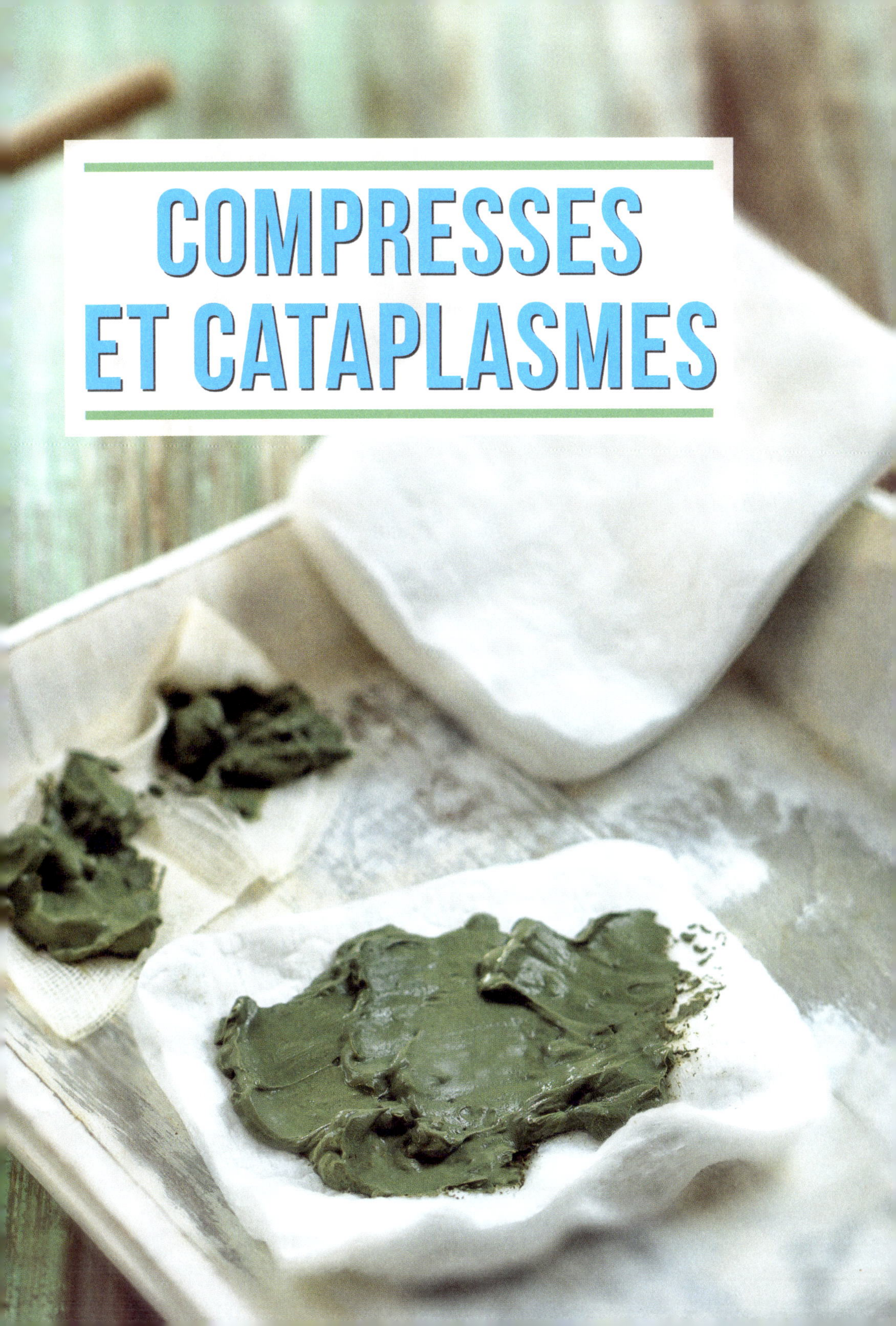

Simples à préparer et à la portée de tous, les compresses et autres cataplasmes se montrent d'une grande utilité dans le cadre des premiers soins. Mais ils rendent aussi de précieux services pour soigner des maux déclarés, qu'ils soient aigus ou chroniques. Il ne faudrait pas pour autant supposer que les compresses et les cataplasmes sont capables de guérir toutes les pathologies. Bien sûr, dans nombre de cas, ils représentent le traitement le plus indiqué mais, dans d'autres cas, ils ne peuvent s'envisager que comme traitement d'appoint, en complément d'un autre traitement naturel ou non. D'une manière générale, s'ils ont été tellement utilisés et appréciés par nos aïeux, y compris nos grands-mères, et s'ils ont longtemps fait partie intégrante de la médecine traditionnelle de nombreux pays dans ce qu'elle a de plus noble, c'est qu'ils constituent des moyens simples à appliquer, non nocifs et d'une efficacité rapide. Découverte...

Papyrus et linge chaud

Vous pensiez que l'utilisation d'un linge chaud pour traiter certains maux datait de nos grands-mères ? Détrompez-vous ! Cet efficace procédé thérapeutique est bien plus ancien. Les premiers indices de l'utilisation de compresses, cataplasmes et autres enveloppements de linge chaud remontent aux origines de l'utilisation des plantes médicinales. On sait que les Babyloniens maîtrisaient déjà cet art de guérir. Ainsi que les Égyptiens : un précieux papyrus remontant à seize siècles avant notre ère répertorie près de sept cents substances végétales et animales utilisables en médecine naturelle. Cet impressionnant répertoire est complété par de nombreux dessins et schémas détaillant les principales utilisations curatives.

De ce côté-ci de la Méditerranée, les Grecs de l'Antiquité étaient aussi passés maîtres dans l'art du cataplasme. Trois à quatre cents ans avant notre ère, ils sont notamment évoqués par Hippocrate que l'on surnomme à raison « père de la médecine moderne ».

La pratique ne s'est jamais totalement perdue en Europe, et c'est heureux. Ainsi, par exemple, à la croisée des années 1600-1700, le philosophe et médecin Johann Siegmund Hahn recommande l'application de linges humides pour retrouver des forces. La technique est encore utilisée avec succès aujourd'hui. Une centaine d'années plus tard, Vincenz Priessnitz, père de l'hydrothérapie, met sa grande connaissance des plantes à profit pour concevoir ses propres remèdes naturels à base d'eau froide et de près d'une vingtaine d'enveloppements. C'est cependant Sebastian Kneipp qui, aux alentours de 1850, reste le plus célèbre partisan des méthodes thérapeutiques naturelles reposant sur des compresses et enveloppements. Il est par ailleurs à l'origine d'une méthode thérapeutique qui porte son nom et qui se fonde sur cinq piliers : l'hydrothérapie, l'activité physique, la phytothérapie, un mode de vie sain et équilibré, la diététique.

Certainement moins célèbres que les précédents, nos grands-mères et nos arrière-grands-mères ont, elles aussi, contribué à perpétuer et à sauvegarder un savoir-faire précieux et des méthodes thérapeutiques naturelles, efficaces et sans danger pour le patient. Parmi les procédés qu'elles privilégiaient dans nombre de cas : les compresses et les cataplasmes.

De quoi parle-t-on ?

Une *compresse* est un tissu imbibé d'un liquide (eau, infusion, vinaigre, décoction de plantes médicinales...), plié plusieurs fois sur lui-même, puis appliqué sur la zone du corps qui doit être soignée. Idéalement, les tissus utilisés dans ce contexte doivent être composés de fibres naturelles (lin, coton...), mais jamais de tissus synthétiques (nylon...).

Le liquide dans lequel la compresse est trempée avant d'être appliquée sur le corps a une température différente en fonction de l'objectif à atteindre. Elle peut être glacée, froide (c'est-à-dire sous la barre des 20 °C), tiède, à la température du corps, voire bouillante (aux alentours de 45 °C). En fonction de l'effet recherché, la compresse peut être plus ou moins imbibée ou essorée. Dans de rares cas, elle peut même être sèche. Sa taille est fonction de la zone du corps à couvrir.

Une fois posée sur la zone du corps à traiter, la compresse est le plus souvent couverte d'un tissu de protection (ce qui permet d'éviter de souiller les vêtements, les draps de lit...) et d'une épaisseur permettant de conserver sa température (un vêtement de laine, une couverture...).

De leur côté, les *cataplasmes* sont plutôt des préparations pâteuses appliquées sur la peau. Selon les cas, elles peuvent être appliquées telles quelles ou être entourées d'un fin tissu. L'une des particularités des cataplasmes réside dans le fait qu'ils peuvent être confectionnés avec une très large palette de produits différents en fonction du but recherché. Ces produits vont des glaçons aux fruits (la pomme, le citron...) en passant par une multitude de plantes médicinales, des substances terreuses (les argiles), des légumes (notamment des feuilles de chou ou de la pomme de terre), des graines (dont celles de moutarde ou de lin) et même des sous-produits animaux (le plus célèbre d'entre eux étant l'exceptionnelle cire d'abeille).

Comme dans le cas des compresses, les cataplasmes peuvent être appliqués froids ou chauds en fonction de l'effet

physiologique recherché au niveau de la peau et des organes profonds.

Les différentes actions des compresses et cataplasmes sur la peau

Les principales actions des compresses et cataplasmes peuvent être classées en quatre grandes catégories : action thermique, action chimique, action révulsive et action physique.

Sans conteste, l'*action thermique* est la principale action des compresses et cataplasmes. Et c'est d'elle que dépend en grande partie l'ensemble du processus curatif. Une fois appliqué sur le corps, le cataplasme ou la compresse se présente comme une sorte de « deuxième peau » qui est cependant à une température différente de celle de la « vraie » peau. D'où un déséquilibre thermique qui se crée dans l'organisme. Or, le corps ne tolère pas très longtemps le changement de température de ses tissus parce qu'il met en danger la vie organique et la (sur)vie des cellules. Le déséquilibre thermique provoqué oblige donc l'organisme à procéder à une réaction de rééquilibrage. Ce sont les processus physiologiques mis en œuvre pour aboutir à ce rééquilibrage qui sont au cœur de l'action curative des compresses et des cataplasmes. Le déséquilibre thermique est d'autant plus important que la compresse est fortement imbibée ou que le cataplasme est épais. La surface de la compresse ou du cataplasme joue aussi un rôle non négligeable, et c'est logique : plus la surface est étendue, plus la zone du corps impliquée est importante. Ce qui implique des efforts de rééquilibrage plus importants également. Autre élément dont il faut tenir compte : la durée d'application. Plus elle est longue, plus l'élément déséquilibrant reste en contact avec le corps, plus la réaction de rééquilibrage sera importante. Le fait qu'il s'agisse d'une application chaude ou froide a aussi une influence.

L'application froide implique une réaction de l'organisme en deux étapes. Au cours de la première d'entre elles, le corps resserre le plus possible ses tissus pour mieux résister au froid.

Les capillaires de la peau renvoient le sang dans les tissus plus profonds, ce qui entraîne un ralentissement des métabolismes cellulaires. Cette première étape est de courte durée. Le corps réagit vite pour ramener de la chaleur dans les tissus cutanés et modifier la température de la source du froid (la compresse ou le cataplasme). C'est alors que débute la seconde étape. Le sang est amené en masse dans le réseau sanguin cutané, apportant de la chaleur. Les capillaires se dilatent, se remplissent de sang. La circulation sanguine s'intensifie et s'accélère. L'activité cellulaire « reprend vie », si l'on ose ainsi dire. En cas d'application froide, l'action curative est surtout due au fait que les cellules malades bénéficient d'une meilleure oxygénation, qu'elles sont mieux nourries et débarrassées des toxines responsables du problème.

Les applications chaudes ne transitent bien sûr pas par la première étape des applications froides, à savoir les contractions dues au froid. Sous l'effet de la chaleur, les réactions débutent à la seconde étape. C'est un processus qui demande assez peu d'énergie à l'organisme car la chaleur n'est pas produite par le corps, mais par la compresse ou le cataplasme chaud.

L'*action chimique* se rapporte à la fonction assimilatrice de la peau. Les diverses substances contenues dans les matériaux employés pour confectionner les compresses et cataplasmes et qui sont utiles à l'organisme (les vitamines, les sels minéraux...) peuvent être absorbées par la peau. Dans de nombreux cas, c'est la conjugaison de l'action de la température et de l'action de ces substances qui aboutit à l'effet curatif recherché.

L'*action révulsive* se rapporte à l'action irritante de certaines substances sur la peau. Quand ces substances restent longtemps en contact avec la peau, elles induisent une inflammation souvent douloureuse. Le simple picotement devient sensation de brûlure. La peau devient rouge. Des cloques, voire une plaie apparaissent. Quand elles sont utilisées sous forme de compresses ou de cataplasmes, les substances révulsives n'ont pas pour but d'agresser la peau, mais de déclencher un processus curatif. Explication : pour mieux se défendre face à l'agression, la peau mobilise une plus grande quantité de sang à son niveau. Les tissus sont mieux irrigués. Les substances irritantes sont plus facilement neutralisées puis évacuées.

Le temps d'application des compresses et cataplasmes révulsifs doit être court, mais assez long pour que l'agression provoquée par les substances irritantes soit ressentie par le corps et que le processus de défense soit enclenché. Il s'agit donc d'une application assez délicate qui a cependant l'avantage de vite diriger les processus curatifs sur une partie bien précise de l'organisme, en profondeur. D'une manière globale, les compresses et cataplasmes révulsifs sont surtout utilisés pour traiter des tissus profonds mal irrigués (des articulations douloureuses en cas de rhumatismes, par exemple) ou soulager en un temps record un organe encombré de « déchets » (par exemple, les bronches en cas d'asthme).

Certains cataplasmes (à l'argile ou aux feuilles de chou) possèdent une puissante *action physique* que l'on peut résumer en deux mots : aspiration et absorption. Cette action semble surtout viser les toxines qui stagnent dans les tissus, mais ne visent pas les substances utiles telles que, entre autres, les vitamines. L'aspiration se déroule au travers de la peau, jusqu'aux tissus profonds. Il est important de souligner que c'est la répétition des applications qui est intéressante et productive car les premiers cataplasmes ne parviennent à nettoyer que les tissus superficiels. Il faut plusieurs applications pour toucher les tissus profonds. Il faut aussi noter que les propriétés physiques de ces ca-

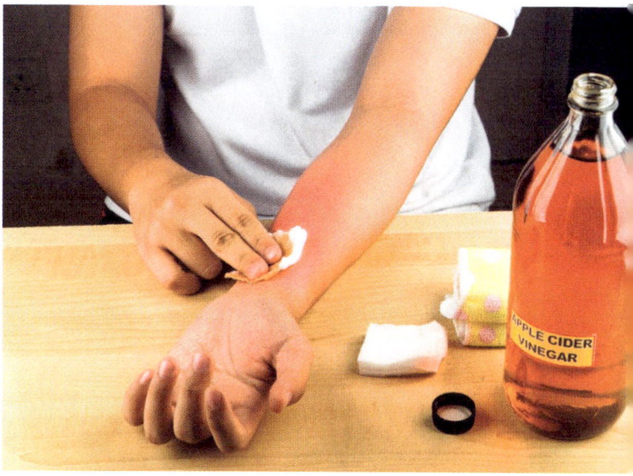

taplasmes ne sont pas dépendantes de leur température. Les cataplasmes présentant une action physique sont surtout utilisés en cas de plaie, d'abcès, de bouton, d'ulcère...

En pratique

Une double bonne nouvelle pour commencer : la confection de compresses et cataplasmes n'est ni onéreuse, ni difficile. Que ce soit financièrement ou techniquement, elle reste à la portée de chacune et de chacun d'entre nous. Il n'est pas nécessaire de disposer d'un matériel pléthorique pour réaliser des compresses et cataplasmes « dans les règles de l'art » et fort efficaces.

L'une des choses les plus importantes est de disposer de tissus propres (une parfaite hygiène est essentielle !) et adaptés aux usages. Un tissu pour la première couche, un deuxième pour la couche intermédiaire et un dernier, plus épais pour fixer l'ensemble et/ou maintenir la chaleur. Dans tous les cas, les tissus doivent absolument être en fibres naturelles (lin et coton sont parfaits pour la couche intermédiaire) et jamais en fibres synthétiques (nylon). Les films plastiques ne doivent, eux non plus, jamais être utilisés. Les lainages, couvertures et autres molletons sont plus indiqués pour la dernière couche devant maintenir la chaleur.

Une grande attention doit aussi être accordée à la qualité des divers composants des compresses et cataplasmes. Pour d'évidentes raisons, seuls les ingrédients de qualité biologiques doivent être choisis et de préférence achetés auprès de commerçants spécialisés de confiance – magasins bio, magasins d'alimentation naturelle... – plutôt que dans n'importe quelle grande surface privilégiant ce que l'on peut appeler du « bio industriel » ou sur certains sites Internet dont on peut légitimement se méfier. Les huiles essentielles doivent impérativement être bio, 100 % pures et 100 % totales : ces mentions garantissent leur qualité globale, le fait qu'elles intègrent toutes les propriétés des plantes utilisées et qu'elles ne sont pas contaminées par des composants douteux, voire toxiques. Ce qui n'est pas rare avec les huiles essentielles low-cost également vendues dans les grandes surfaces et sur certains sites Internet à éviter. Ces huiles de bas de gamme sont à bannir absolument.

La bonne température

Pour être efficaces, il est essentiel que les compresses et cataplasmes soient appliqués à la bonne température. C'est probablement là que réside la principale difficulté, surtout pour celles et ceux qui débutent. Quelques conseils utiles...

- Le meilleur moyen de réchauffer la préparation est de la poser sur un radiateur, tout simplement. La chaleur modérée de l'appareil de chauffage suffit à atteindre une température adéquate pour une compresse.

- L'utilisation du four à micro-ondes doit, dans tous les cas, être proscrite pour réchauffer une compresse. La forte chaleur induite par l'appareil détruit en effet irrémédiablement de nombreuses substances utiles, rendant la compresse inefficace. En outre, certains composants secs (les graines, par exemple) risquent de prendre feu dans l'appareil.

- Le meilleur moyen de contrôler efficacement la température d'une compresse ou d'un cataplasme est de la/le glisser entre deux bouillottes remplies d'une eau très chaude. Ce procédé qui peut paraître rudimentaire à l'ère de la high-tech présente deux avantages majeurs : sa rapidité et l'absence de tout risque d'incendie. Autre atout : comme l'effet réchauffant n'est pas trop important, le risque de perte de substances utiles est fortement réduit.

- Pour contrôler la chaleur d'une compresse, il suffit de la poser délicatement sur l'intérieur de l'avant-bras, cette zone étant particulièrement sensible à la chaleur. Vous sentirez tout de suite si la compresse est à bonne température ou trop chaude.

TISANES ET INFUSIONS

Tisanes, infusions, décoctions... sont autant de mots pour désigner des boissons chaudes que l'on se plaît à savourer « juste pour le plaisir » ou à déguster en tant que remèdes thérapeutiques. Car, qu'on se le dise, les tisanes et autres infusions ne sont pas seulement bonnes au goût : elles peuvent être précieuses pour préserver notre santé !

Le plus vieux remède thérapeutique du monde

Les tisanes font incontestablement partie des plus vieux remèdes thérapeutiques du monde. En Mésopotamie, puis dans l'Égypte antique, mais aussi en Inde avec la célèbre médecine ayurvédique, au Pérou où la phytothérapie est reconnue officiellement, et bien entendu en Chine où la pharmacopée traditionnelle recense plus d'un millier de plantes médicinales : toutes ces civilisations - parfois éloignées de nous dans le temps ou l'espace - ont intégré et continuent aujourd'hui encore à inclure les plantes (ou certaines parties des végétaux : racines, feuilles, fleurs, fruits, ou graines) dans leurs modes de vie et dans leurs pharmacopées traditionnelles respectives.

Dans nos contrées, les « simples » désignaient au Moyen Âge les plantes médicinales. À l'époque, leur culture était souvent le fait des curés, dans leurs fameux « jardins de curés » ou de moines soigneusement blottis derrière les hauts murs de leurs monastères. Quant au métier d'herboriste, il a longtemps consisté en la préparation et la commercialisation de plantes médicinales. C'était un métier tellement important qu'il est reconnu en France dès 1312... jusqu'au 11 septembre 1941, date à laquelle l'État français l'a arbitrairement supprimé.

D'ailleurs, l'État français, très à l'écoute des diktats d'une industrie pharmaceutique misant sur le tout chimique pour des raisons financières, est malheureusement coutumier des entraves administratives et légales limitant la pratique et l'utilisation des médecines douces et naturelles, et donc l'utilisation thérapeutique des plantes. Et cela au mépris de la liberté de choix et de la santé des Françaises et des Français, deux éléments qui ne pèsent pas lourd face aux enjeux financiers si chers au Big Pharma.

Cela dit, bonne nouvelle : depuis plusieurs années, en dépit des agissements du combo industrie pharmaceutique/État français, de plus en plus de consommateurs se tournent à nouveau vers les remèdes ancestraux et retrouvent les propriétés, vertus et bienfaits d'un grand nombre de préparations naturelles, dont les tisanes, infusions et autres décoctions à l'efficacité largement prouvée.

Infusion ou décoction ?

En fonction des plantes ou des parties de plantes qui sont utilisées pour faire une tisane, le mode de préparation est différent. L'infusion convient fort bien aux fleurs et aux feuilles et, de manière générale, aux parties les plus fragiles des végétaux. La décoction est surtout utilisée pour les parties moins fragiles telles que les racines, les tiges ou les écorces.

Très simple à préparer, l'*infusion* consiste à verser de l'eau bouillante sur les plantes au moment précis où cette eau entre en ébullition. Il faut alors couvrir le récipient et laisser infuser le temps nécessaire, celui-ci pouvant varier de deux à trois minutes pour des plantes aromatiques jusqu'à une dizaine de minutes pour les thés. Dans de très rares cas, cette infusion peut durer jusqu'à une heure. Il est possible de mélanger la préparation à l'aide d'une cuillère en bois avant de la filtrer et de l'utiliser. L'infusion peut éventuellement être sucrée avec un sucre naturel (le miel biologique est parfait, tout comme un sucre complet bio – jamais de sucre blanc raffiné !), mais il est

recommandé de ne pas sucrer les infusions préparées à base de plantes amères dans le but thérapeutique d'activer les fonctions hépatiques et biliaires. Dans ce cas, la saveur amère a toute son importance. Mieux vaut faire légèrement la grimace, mais ne pas sucrer la préparation afin de préserver toutes ses qualités et propriétés.

La *décoction* est, elle aussi très simple à préparer : il s'agit de faire bouillir de l'eau froide dans laquelle ont été préalablement mises les plantes ou parties des plantes. Le temps d'ébullition est variable, allant de deux ou trois minutes jusqu'à quarante-cinq minutes en fonction des végétaux utilisés.

Il est important de souligner le fait que l'infusion et la décoction se prêtent toutes deux fort bien aux mélanges de plantes. Bien sûr, il faut veiller à mélanger des végétaux ou parties de végétaux qui doivent subir le même type de préparation.

Quelle eau utiliser ?

L'eau représentant près de 99 % de la préparation d'une tisane, infusion ou décoction, elle revêt donc une importance toute particulière. Et vous auriez bien tort de croire que n'importe quelle eau fait l'affaire, surtout qu'elle est appelée à être le solvant des principes actifs des plantes sélectionnées pour la préparation. Une eau de mauvaise qualité, déséquilibrée ou trop fortement polluée (par des produits chimiques, des résidus de métaux lourds, des traces de pesticides...) nuira à l'efficacité de la préparation... et à votre santé. Dans ce contexte, l'eau du robinet non filtrée est toujours à proscrire. Sous prétexte de la rendre consommable (ou prétendument buvable, en tout cas...), elle est lourdement chargée en produits chimiques qui sont nocifs pour la santé et nuisent à l'efficacité des préparations.

À l'opposé, une bonne « eau à tisane » doit répondre aux caractéristiques suivantes :

- elle doit être pauvre en calcium (et donc peu calcaire) et en minéraux,
- elle doit présenter un pH neutre (aux alentours de 7),
- elle doit être pauvre en résidus secs (vous pouvez vous référer aux étiquettes des bouteilles d'eau du commerce).

Graines de fenouil.

Des tisanes pour bébé ?

Comme les grands enfants ou les adultes, les bébés peuvent également profiter des propriétés, vertus et bienfaits des tisanes et infusions. Au moins de certaines d'entre elles, avec une posologie adaptée. Certaines plantes sous forme de tisane peuvent même être versées dans le biberon. D'ailleurs, de plus en plus nombreux sont les pédiatres (réellement attentifs à la santé et au bien-être du nourrisson) qui prescrivent dès les premières semaines des tisanes de fenouil, de carvi ou de cumin pour aider l'enfant à se calmer, à mieux digérer, à s'endormir ou à apaiser des coliques parfois douloureuses.

Tilleul.

Les plantes les plus utilisées chez le bébé sont :

- les graines de fenouil (en cas de difficultés de digestion et de coliques),
- le carvi (en cas de difficultés de digestion et de coliques),
- le cumin (en cas de difficultés de digestion et de coliques),
- la badiane (en cas de difficultés de digestion et de coliques),
- l'anis vert (en cas de difficultés de digestion et de coliques),
- la camomille (en cas de difficultés de digestion et de coliques),
- les fleurs de camomille matricaire (en cas de poussée dentaire, d'agitation ou de sommeil perturbé),
- le tilleul (en cas d'agitation ou de sommeil perturbé).

Fleurs de camomille.

Pour bébé, il est conseillé de ne pas utiliser d'autres plantes que celles mentionnées ci-dessus et de toujours filtrer très soigneusement les infusions. La posologie doit être impérativement respectée : comptez 1/6 de celle d'une personne adulte.

BAUMES ET ONGUENTS

Par facilité, on les appelle souvent simplement pommades, mais sous ce nom générique peuvent se retrouver diverses préparations : le baume, la crème ou l'onguent.

Crème, baume ou onguent : les différences

La différence entre ces trois formes de soins tient à leurs composants.

- *L'onguent* est une préparation grasse qui contient en général trois ingrédients et pas un de plus : une matière grasse (de l'huile végétale), de la cire d'abeille (ou cire végétale) et une plante qui apporte ses principes actifs.

- *Le baume* est un onguent qui contient en plus des essences aromatiques (huile essentielle ou extrait aromatique) qui apportent également des propriétés médicinales.

- *La crème* est la combinaison d'un macérât huileux (plante macérée dans une huile, puis filtrée), d'eau ou d'hydrolat et de cire d'abeille. Du fait de la présence d'eau, elle est moins stable et se conserve moins longtemps, mais elle permet de pénétrer plus en profondeur que les deux premiers remèdes.

Du baume sur le cœur… et la peau

Très utilisé en cosmétique et dans le cadre de certains soins cutanés, le baume est une émulsion d'eau dans l'huile additionnée d'un corps gras : huile végétale, beurre végétal ou cire. Grâce à ces ingrédients naturels vertueux, le baume affiche une composition riche en acides gras qui lui confère bien des pouvoirs et propriétés. Il peut ainsi être hydratant, antioxydant, nourrissant, drainant ou cicatrisant. Si les huiles apportent leurs principes actifs à cette forme de soin, le beurre végétal et la cire garantissent une consistance agréable et épaisse.

La composition spécifique d'un baume le rend généralement plus nourrissant que les « simples » crèmes et que les autres formules plus fluides. C'est surtout pendant la période hivernale que la peau l'apprécie puisque, en fonction de sa composition et de la qualité de ses ingrédients, il parvient à combler ses besoins nutritifs au cours d'une période difficile où elle est particulièrement agressée. D'autre part, il faut aussi savoir que certains baumes n'assurent pas seulement l'hydratation et/ou la réparation de la peau, mais les huiles végétales utilisées peuvent aussi renfermer des propriétés drainantes et ainsi favoriser une meilleure circulation sanguine et lymphatique (ce qui est très intéressant dans le cas des baumes anticellulite notamment).

Comme les baumes ont souvent un fort pouvoir hydratant, ils sont particulièrement utiles aux peaux sèches ou très sèches qui manifestent des tiraillements, des démangeaisons et des irritations. Néanmoins, les peaux habituellement mixtes et grasses peuvent elles aussi souffrir des agressions de la période hivernale. Apaisant et réparant, le baume s'avère être un soin efficace notamment sur les zones de peau sensibles et exposées telles que les pommettes ou les mains.

La composition d'un baume, élaboré avec des ingrédients naturels et qualitatifs, est proche de celle du film hydrolipidique de l'épiderme. Cette barrière protectrice naturelle est présente sur la peau pour lui offrir une hydratation constante tout en la préservant des risques de déshydratation. Cependant, au fil du temps et des agressions, elle s'affaiblit et nécessite des apports nutritifs pour se restaurer et pouvoir assurer son rôle protecteur. Le baume est parfaitement en mesure de combler ces besoins grâce à ses fortes teneurs en acides gras. Il participe activement à rétablir ce film protecteur si précieux pour la peau.

L'intérêt d'un baume peut être résumé en trois points :
- il est facile à préparer, conserver et transporter,
- il permet de stabiliser les propriétés de la plante utilisée,
- il nourrit et protège la peau de l'extérieur.

Un macérat huileux et de la cire d'abeille

Pour sa part, un onguent est un macérat huileux de plante mélangé à de la cire d'abeille. En général la proportion de cire d'abeille est de l'ordre de 5 à 10 g pour 10 cl de macérat huileux. Quelques gouttes d'huile essentielle peuvent être ajoutées avant la prise de l'onguent pour la conservation ou la potentialisation de l'onguent. Ainsi, par exemple, dans un onguent de millepertuis, quelques gouttes d'huile essentielle de millepertuis vont renforcer son effet. Chaque macérat huileux, en fonction de la plante, a une action localisée, son mode d'action est doux et peut être utilisé régulièrement (massage, soin de la peau...). Les plantes les plus couramment utilisées pour la confection des onguents sont le plantain, le millepertuis, l'achillée millefeuille, la consoude et le souci.

La quantité d'onguent à appliquer varie selon la surface de peau à traiter. Il est toujours nécessaire d'appliquer la bonne quantité de produit : ni trop, ni trop peu. Il existe diverses manières d'estimer la bonne quantité d'onguent à appliquer. L'une des plus simples est la méthode dite de « l'unité de bout de doigt ». Cette petite technique consiste à utiliser le bout du doigt comme instrument de mesure. L'application d'un trait continu sur le bout de l'index d'une personne adulte (du pli jusqu'à l'extrémité du doigt) correspond à une unité. Pour donner un ordre de grandeur, un tube d'onguent du commerce, d'une contenance de trente grammes, contient approximativement soixante unités.

Pour une personne adulte, on peut estimer le nombre d'unités nécessaires à chaque partie du corps de la manière suivante :

- visage et cou : 2,5 unités ;
- mains et bras : 4 unités ;
- jambes et pieds : 8 unités ;
- tronc : 7 unités ;
- dos (y inclus les fesses) : 7 unités.

Une fois la quantité déterminée, il suffit de répartir l'onguent sur la zone du corps à traiter et de l'étaler en massant doucement.

LES REMÈDES SANTÉ ET BIEN-ÊTRE

REMARQUE PRÉLIMINAIRE

Tous les remèdes, présentés dans les pages qui suivent, donnent la priorité à des composants naturels sans danger pour la santé (dans le respect des dosages et utilisations). Leur efficacité est, dans certains cas, prouvée depuis des dizaines, voire des centaines d'années.

Gardez cependant en mémoire que les plantes, les huiles essentielles et l'immense majorité des composants naturels utilisés dans les remèdes proposés ci-après sont généralement très puissants et qu'ils peuvent présenter certaines contre-indications ou des effets secondaires indésirables en cas de surdosage, de mauvaise utilisation ou chez des personnes particulièrement sensibles. Avant d'utiliser une plante ou une huile essentielle, renseignez-vous toujours auprès d'une personne compétente (aromathérapeute, phytothérapeute...).

Lors de la réalisation de vos remèdes, privilégiez toujours les composants de la meilleure qualité et biologiques dans toute la mesure du possible : cela vous offre une garantie d'innocuité supplémentaire.

Pour chaque remède, respectez toujours les composants, les dosages préconisés et les modes d'utilisation. Faites aussi attention aux éventuelles précautions d'utilisation ou contre-indications. Les processus de préparation des différents remèdes (cataplasmes, compresses, infusions...) sont détaillés dans les pages qui précèdent.

Tous les remèdes fournis le sont de bonne foi. Ni l'auteur, ni l'éditeur ne pourraient être tenus pour responsables, directement ou indirectement, de manière explicite ou implicite, d'une éventuelle réaction à un remède, d'un résultat jugé insatisfaisant ou de tout autre problème de toute nature.

Chaque utilisateur est tenu d'assumer sa responsabilité lors de la préparation et de l'utilisation des remèdes. En cas de doute ou si les symptômes persistent, l'avis d'un praticien compétent est recommandé.

Acné (1)

L'acné est un problème de peau assez fréquent : selon certains chiffres, il affecte jusqu'à 70 % des adolescents et est causé par la conjonction de trois facteurs essentiels : une sécrétion excessive de sébum dans le follicule pileux à la racine des poils, l'obstruction du follicule et un développement bactérien à l'intérieur de ce follicule. L'acné n'est donc pas causée par un manque d'hygiène ou une mauvaise alimentation quotidienne.

- 1 c. à s. de mousse d'Irlande en poudre
- 50 cl d'eau distillée
- 4 c. à s. de gel d'aloès
- 2 c. à s. d'huile végétale d'amande douce
- 10 gouttes d'huile essentielle d'arbre à thé

Une crème réalisée à base d'huiles essentielles se montre souvent très efficace, contrairement aux produits vendus en pharmacie qui, souvent beaucoup trop agressifs, ne font qu'aggraver le problème. Mélangez la mousse d'Irlande en poudre (une algue jaune connue sous le nom de « carragheen ») et l'eau distillée. Patientez une vingtaine de minutes, le temps que la mousse d'Irlande gonfle et absorbe partiellement l'eau distillée. Transvasez cette préparation dans une casserole, portez à ébullition et laissez mijoter pendant 20 minutes, en remuant de temps en temps. À la fin de la cuisson, filtrez cette préparation au travers d'une passoire. Dans un bol, transvasez 3 à 4 cuillerées à soupe de cette préparation et ajoutez-y le gel d'aloès. Battez au fouet électrique en versant peu à peu l'huile d'amande douce. Incorporez l'huile essentielle d'arbre à thé (excellent antiseptique naturel) et fouettez énergiquement. Transvasez cette crème dans un pot propre à large ouverture et fermant hermétiquement. Appliquez cette crème chaque jour, matin et soir, sur les zones à traiter.

Mousse d'Irlande.

Acné (2)

- 1 c. à c. de racine de pissenlit séchée

Préparez une tisane de racine de pissenlit. Faites bouillir 1 cuillerée à café de racine de pissenlit séchée dans une grande tasse d'eau pendant 2 minutes. Laissez infuser pendant une dizaine de minutes, puis filtrez la préparation. En fonction de votre goût, vous pouvez sucrer la tisane avec un peu de miel. Buvez 2 à 3 tasses de cette tisane chaque jour. Cette boisson combat l'acné en luttant « de l'intérieur » contre les toxines qui déséquilibrent les hormones.

Acné (3)

- Huile de germe de blé
- Vaseline
- 3 à 4 gouttes d'huile essentielle de lavande
- Propolis

Versez quelques centilitres d'huile de germe de blé et la même quantité de vaseline dans un récipient. Mélangez jusqu'à l'obtention d'une préparation onctueuse et crémeuse. Pesez-la, puis ajoutez-y l'huile essentielle de lavande et la propolis, à raison de 2 g de propolis pour 100 g de crème. Mélangez, puis appliquez cette crème, en une fine couche, sur les zones à traiter. Attention : ce traitement doit être envisagé en cure, à raison de 2 applications quotidiennes (une le matin et une le soir) pendant une semaine. Stoppez le traitement pendant une semaine, puis recommencez-le pendant une nouvelle semaine. Alternez ainsi les semaines, jusqu'à amélioration.

Propolis.

Toujours pour lutter contre l'acné, vous pouvez préparer une crème hyperbienfaisante faisant la part belle à la propolis, l'un des produits phares de la ruche. Il s'agit d'une résine végétale recueillie par les abeilles sur certains végétaux spécifiques, surtout les conifères et les bourgeons de saule, de peuplier, de bouleau ou de chêne. Le produit est précieux à plus d'un titre. D'abord parce qu'une ruche n'en fournit que 100 à 300 g par an en moyenne. Ensuite parce que c'est un produit naturel plein de bienfaits pour la santé : c'est un antibiotique naturel, elle renforce naturellement les défenses immunitaires, elle affiche des propriétés antivirales, antibactériennes, fongicides, antiseptiques, anti-inflammatoires et anesthésiantes reconnues. Dans le cas de l'acné, ce sont surtout ses pouvoirs hautement cicatrisants qui sont intéressants.

Affection biliaire

La vésicule biliaire est une sorte de petite poche située sous le foie. La fonction première de la vésicule biliaire est de stocker de la bile avant qu'elle se déverse dans l'intestin, surtout lors du processus de digestion. Sécrétée par le foie, la bile est un liquide chargé de faciliter la digestion des graisses. Elle contient du cholestérol, des sels biliaires et des substances éliminées par le foie, dont certains médicaments. La vésicule biliaire peut être touchée par diverses affections qui peuvent être soulagées au moyen d'une tisane de laurier au citron.

- 10 g de feuilles de laurier
- 1 citron

Pour la préparer, faites infuser 10 g de feuilles de laurier dans 1 litre d'eau pendant 5 minutes, puis filtrez la préparation. Ajoutez du jus de citron selon le goût et buvez 2 à 3 tasses de cette infusion chaque jour, jusqu'à amélioration. Si la tisane

Tisane aux feuilles de laurier.

vous semble trop acide, vous pouvez l'agrémenter en y incorporant un tout petit peu de miel.

Dans le même but, vous pouvez aussi préparer une tisane de fleurs de soucis séchées. Pendant 5 minutes, faites infuser 2 cuillerées à café de fleurs de soucis séchées dans une grande tasse d'eau bouillante. Filtrez la préparation. Buvez chaque jour 2 à 3 tasses de cette tisane, jusqu'à amélioration.

Origan.

Affection cardiaque

Affirmer que le cœur est un organe vital est un doux euphémisme. C'est l'un des organes dont il faut prendre le plus de soin. La tisane suivante ne vous guérira pas d'une affection cardiaque, mais elle contribuera à prendre soin de votre cœur au quotidien. Il faut cependant souligner que, pour bénéfique qu'elle soit, cette tisane ne peut rien à elle seule et doit s'accompagner d'autres mesures : un mode de vie sain, pas de consommation de tabac et d'alcool, une alimentation saine et équilibrée, la pratique d'une activité sportive ou physique régulière...

- 1 c. à c. de fleurs et de feuilles d'origan séchées

Pour préparer cette tisane, versez de l'eau bouillante sur une cuillerée à café de fleurs et de feuilles d'origan séchées. Faites infuser pendant environ 10 minutes, filtrez et buvez 2 à 3 tasses quotidiennement.

Feuilles de ronce.

Angine

- 60 g de feuilles de ronce

Faites infuser 60 g de feuilles de ronce dans 1 litre d'eau, pendant une quinzaine de minutes, puis filtrez et prenez une tasse de cette infusion avant chaque repas, jusqu'à amélioration.

Le traitement peut paraître étonnant, mais les formidables résultats qu'il offre le sont tout autant en cas d'angine.

***Petite astuce :** si vous n'avez pas envie d'avaler cette infusion, vous pouvez l'utiliser sous forme de gargarismes, avec le même résultat.*

Anxiété

- 2 ou 3 fleurs de souci fraîches

Si vous vous sentez anxieux, faites-vous du souci ! Ou plutôt, faites confiance à la fleur de souci. Préparez une tisane en faisant infuser 2 ou 3 fleurs fraîches de souci dans une tasse d'eau bouillante pendant 5 ou 6 minutes. Buvez 1 à 2 tasses de cette infusion chaque jour, jusqu'à amélioration.

Fleurs de souci.

Le souci est idéal pour évacuer... les soucis ! Parée d'innombrables vertus, riche de nombreuses propriétés, cette jolie petite fleur est aussi connue sous le nom de calendula. Formant dans le jardin des touffes buissonnantes un peu étalées, le souci fleurit de mai à octobre et offre une vaste palette de couleurs : orange, jaune, abricot, crème... Outre le fait qu'on considère le souci comme une fleur anti-anxiété, il est aussi reconnu pour ses propriétés cicatrisantes, antiseptiques et anti-inflammatoires. Sur les plaies, les piqûres d'insectes, les coups de soleil, il vise à calmer la douleur et à favoriser la cicatrisation. En bain de bouche, il est utilisé pour apaiser les irritations de la bouche.

Aphte (1)

Les aphtes sont un problème courant et généralement bénin : ils sont répandus dans l'ensemble de la population, parfois dès l'enfance, mais ont tendance à diminuer après la cinquantaine. Ils ne sont pas contagieux et ne peuvent donc pas se transmettre d'une personne à l'autre en cas de baiser, d'échange de couverts... Les aphtes buccaux – dont la cause précise est à ce jour inconnue – sont de petites ulcérations superficielles qui se forment le plus souvent sur les muqueuses à l'intérieur de la bouche : sur la face interne des joues, la pointe de la langue, la face interne des lèvres, le palais ou les gencives. Les aphtes ne se trouvent pas sur les gencives attachées à l'os, le palais dur et le versant sec des lèvres. Souvent unique, l'aphte se manifeste par une sensation de brûlure qui précède l'apparition d'une tache rouge douloureuse et la formation rapide d'une ulcération. Cette dernière mesure de 2 à 10 mm, elle est de forme arrondie ou ovale. Elle présente un fond jaunâtre ou grisâtre avec un pourtour bien net et rouge. Les aphtes ne saignent pas, mais leurs douleurs se manifestent davantage pendant les repas ou lors du brossage des dents.

- 25 g de racine de guimauve

Faites bouillir 25 g de racine de guimauve dans 50 cl d'eau. Laissez infuser pendant une dizaine de minutes, puis filtrez. Utilisez cette décoction en bain de bouche si vous avez des aphtes. La racine de guimauve va apaiser la douleur et accélérer le processus de guérison.

Aphte (2)

- 1 poignée de pétales de roses trémières

Une autre possibilité s'offre à vous : préparez une infusion de pétales de roses trémières, en comptant une poignée de pétales pour 50 cl d'eau bouillante. Laissez infuser pendant environ 10 minutes, filtrez et utilisez cette infusion en bain de bouche, à raison de plusieurs traitements quotidiens, jusqu'à amélioration.

Racine de guimauve.

Arthrite des doigts

L'arthrite des doigts ou de la main est une maladie inflammatoire qui se manifeste par des douleurs nocturnes, des douleurs au repos, des articulations « rouillées », un gonflement... Les deux formes d'arthrite les plus courantes sont l'arthrose (ou arthrite dégénérative, due à l'usure du cartilage couvrant et protégeant les os des articulations, souvent accompagnées de petites excroissances osseuses) et la polyarthrite rhumatoïde (ou PR, une maladie auto-immune dans laquelle le système immunitaire de l'organisme attaque ses propres tissus. Sa prévalence a tendance à augmenter avec l'âge).

- Argile en poudre

Des cataplasmes froids d'argile peuvent avoir des effets bénéfiques. Mélangez de l'argile en poudre avec de l'eau de manière à obtenir une préparation pâteuse tout à la fois humide et ferme. Appliquez une couche d'une épaisseur de 1 à 2 cm autour des doigts atteints et couvrez d'un linge propre. Laissez en place jusqu'à ce que le cataplasme sèche, voire toute une nuit. Répétez chaque jour jusqu'à amélioration.

À noter qu'un traitement similaire est aussi efficace en cas d'arthrose du genou. Dans ce cas, il faut maintenir le cataplasme en place à l'aide d'un linge propre tenu par des agrafes médicales.

Ballonnements

- 1 poignée de lierre terrestre séché

Rien de plus désagréable que de souffrir de ballonnements ! Ce n'est généralement pas douloureux, mais c'est fort inconfortable. Pour « dégonfler », faites confiance au lierre terrestre. Cueillez-en une généreuse poignée dès qu'il fleurit et faites sécher. Mettez cette poignée de lierre terrestre séché dans 1 litre d'eau. Laissez ainsi macérer pendant environ un quart d'heure, puis faites chauffer jusqu'à ébullition. Retirez alors du feu et laissez infuser pendant une quinzaine de minutes. Filtrez et buvez cette tisane tout au long de la journée, entre les repas.

Si les jeunes feuilles et les fleurs du lierre terrestre peuvent être utilisées pour confectionner d'originales salades, la plante

Lierre terrestre séché.

est surtout connue pour ses propriétés médicinales qui sont assez nombreuses. Traditionnellement, elle a été employée pour soigner les affections pulmonaires (bronchites chroniques, asthme), y compris la tuberculose. Elle a également servi à soigner l'atonie gastrique, les affections urinaires (calculs) et les leucorrhées. Par voie externe, on l'a utilisée pour soigner les abcès et les furoncles. Les feuilles fraîches seront utilisées en cataplasmes sur les abcès et les furoncles.

***Petit conseil :** pour vos provisions d'hiver, récoltez la plante en fleurs (de préférence le matin, dès que la rosée est évaporée) et faites-la sécher dans l'obscurité sur une toile moustiquaire montée sur un cadre. Conservez-la dans un bocal de verre à l'abri de la lumière et de l'humidité. Utilisez-la une fois séchée en fonction des besoins.*

Bosse

- Argile en poudre

Vous venez de vous cogner et vous avez une bosse ? Appliquez le plus vite possible un cataplasme froid d'argile. Changez-le dès qu'il commence à chauffer. L'essentiel est de maintenir sur la bosse un ou plusieurs (selon l'importance de la bosse) cataplasmes froids pendant au moins 2 heures et, en tout cas, jusqu'à disparition de la douleur.

Bronchite

La bronchite est une inflammation des bronches qui, très souvent, est d'origine virale. Dans de nombreux cas, tout com-

mence par un simple rhume, voire une grippe, qui dégénère suite à une surinfection.

- Argile montmorillonite ou illite

Pour combattre naturellement la bronchite, privilégiez des cataplasmes d'argile montmorillonite ou illite. Le premier jour du traitement, appliquez un cataplasme tiède sur la poitrine et maintenez-le en place tant qu'il est à température agréable. Le deuxième jour du traitement, appliquez un cataplasme identique sur le dos, de part et d'autre de la colonne vertébrale. Poursuivez ensuite cette alternance poitrine/dos jusqu'à guérison.

Argile verte.

Brûlure

- Argile verte surfine montmorillonite ou illite

Si vous venez de vous brûler, appliquez le plus vite possible de l'argile verte surfine en saupoudrage sur la zone à traiter. Laissez agir pendant quelques minutes avant de commencer à appliquer sur la même zone du corps un cataplasme froid d'argile. Renouvelez à plusieurs reprises et, en tout cas, jusqu'à disparition de la douleur.

Attention : ce remède n'est valable que pour les brûlures légères. Si la brûlure est plus sévère, contactez un médecin ou allez à l'hôpital le plus proche.

Callosités

- 15 cl d'eau minérale
- 10 g de feuilles de menthe fraîche
- 50 g de beurre de cacao
- 50 g de farine de maïs
- 10 gouttes d'huile essentielle de romarin
- 10 gouttes d'huile essentielle de camomille

Versez l'eau minérale dans une casserole et faites bouillir. Plongez-y les feuilles de menthe et laissez infuser pendant une dizaine de minutes, puis filtrez. Pendant ce temps, mettez le beurre de cacao dans un autre récipient et faites-le ramollir au bain-marie, sur un feu doux, sans cesser de remuer à la cuillère. Retirez ce récipient du bain-marie, incorporez-y la farine de maïs et mélangez énergiquement jusqu'à l'obtention d'une pâte homogène. Incorporez-y alors 1 cuillerée à soupe de l'infusion de menthe filtrée et mélangez à nouveau pour éliminer tous les grumeaux. Enfin, incorporez les huiles essentielles (romarin et camomille) et remettez la préparation au bain-marie, sans cesser de remuer et en incorporant encore 1 cuillerée à soupe d'infusion de menthe. Au bout d'environ 5 minutes, retirez la pommade obtenue du bain-marie et transvasez-la dans un pot propre à large ouverture et fermant hermétiquement. Laissez-la complètement refroidir avant de fermer le pot. Chaque semaine, appliquez cette pommade bienfaisante sur les zones à traiter, en massant doucement en effectuant des petits gestes circulaires. Éliminez ensuite la pommade à l'aide d'un gant de toilette tout juste humidifié. Cette pommade « maison » permet de retrouver une peau saine, douce et lisse. Elle convient pour traiter les callosités aux mains, mais aussi aux pieds, coudes et genoux.

Pommade contre les callosités.

Carie dentaire

La carie dentaire est une maladie infectieuse de la dent : une lésion de l'émail et de la dentine. Elle ne se forme que lorsque quatre facteurs se conjuguent : la présence de bactéries, divers substrats permettant à ces bactéries de développer leur métabolisme, le temps et ce qu'il est convenu d'appeler un hôte accueillant (l'individu avec ses spécificités, sa salive...). Elle peut aussi être favorisée par une mauvaise hygiène bucco-dentaire, une consommation élevée de sucres sous diverses formes (dont les sodas industriels), le tabagisme...

- Argile verte montmorillonite ou illite

En attendant un rendez-vous chez le dentiste, vous pouvez atténuer la douleur provoquée par la carie en appliquant sur la joue des cataplasmes froids d'argile verte, en les laissant en place pendant une heure au minimum. Attention : ce traitement ne soigne pas la carie, mais en atténue la douleur.

Cellulite (1)

La cellulite est un phénomène complexe qui résulte de la combinaison de plusieurs facteurs, aux premiers rangs desquels se trouvent les variations hormonales féminines. Ce phénomène touche en effet essentiellement les femmes, avec ou sans surcharge pondérale, et se manifeste sur des régions du corps précises : l'arrière des cuisses, les fesses, le ventre, le haut des bras. Considérée comme un phénomène physiologique normal, la cellulite est sans conséquence pour la santé, mais peut être à l'origine d'une gêne, de douleurs locales et de complexes.

- Rhassoul
- Eau florale d'hamamélis

Voici une astuce anticellulite qui s'envisage en plusieurs étapes successives. Première étape : une friction énergique des zones à traiter avec un gant de crin. Deuxième étape : mélangez du rhassoul et de l'eau tiède jusqu'à l'obtention d'une sorte de pâte boueuse, pas trop épaisse, mais pas trop liquide non plus. Troisième étape : l'appliquer en cataplasmes froids sur les zones à traiter, préalablement humidifiées (ventre, cuisses, chevilles, hanches...). Quatrième étape : laissez sécher et nettoyez avec de l'eau florale d'hamamélis. Celle-ci, à privilégier de qualité biologique, est à la fois astringente, purifiante, calmante, antioxydante et anti-inflammatoire. Elle resserre les pores de la peau, apaise les rougeurs et les irritations, affine le grain de la peau...

Fleur d'hamamélis.

Cellulite (2)

- 1 c. à c. de reine-des-prés séchée

Pour lutter contre la cellulite de manière naturelle et efficace, la tisane de reine-des-prés est souvent recommandée. Pour la préparer, faites infuser 1 cuillerée à café de reine-des-prés séchée par grande tasse d'eau pendant 10 à 15 minutes. Filtrez ensuite la préparation, agrémentez-la d'un petit peu de miel (selon le goût de chacun) et buvez 3 tasses de cette tisane chaque jour.

Précieuse, la reine-des-prés cumule les actions et propriétés bienfaisantes. Notamment, elle dilate les vaisseaux, tonifie le cœur et accélère la diurèse. Elle facilite aussi l'élimination rénale de l'eau, la résorption des œdèmes douloureux et permet de combattre la cellulite et l'obésité graisseuse.

Reine-des-prés.

Cholestérol (1)

Une précision importante, tout d'abord : l'excès de cholestérol n'est pas une maladie en tant que telle, mais plutôt un facteur de risque pour d'autres maladies du cœur et des vaisseaux. Plusieurs années de taux de cholestérol trop élevés peuvent provoquer une perte d'élasticité et une réduction du diamètre des artères, ce qui peut avoir de graves conséquences.

- 1 c. à c. de gingembre moulu frais ou séché

Pour lutter contre le mauvais cholestérol et faire baisser son taux, préparez une tisane de gingembre. Faites infuser pendant 5 minutes une cuillerée à café de gingembre moulu (frais ou séché) dans une grande tasse d'eau bouillante. Filtrez et buvez une tasse de cette tisane chaque jour, jusqu'à amélioration.

Tisane de gingembre.

Tisane de réglisse.

Cholestérol (2)

- 1 à 2 c. à c. de feuilles séchées de grand plantain

Dans le même but, vous pouvez aussi préparer une tisane de grand plantain : faites infuser 1 à 2 cuillerées à café de feuilles séchées de grand plantain dans 25 cl d'eau bouillante pendant une dizaine de minutes. Filtrez ensuite la préparation et buvez-en 3 à 4 tasses quotidiennement, jusqu'à amélioration.

Cholestérol (3)

- 2 c. à s. de bâtons de réglisse
- 1 pincée de curcuma moulu

Cassez tout d'abord les bâtons de réglisse en petits morceaux. Mettez-en l'équivalent de 2 cuillerées à soupe dans 50 cl d'eau froide, puis faites chauffer et bouillir pendant une minute. À ce moment, incorporez le curcuma en poudre, mélangez et laissez infuser pendant une dizaine de minutes. Filtrez et buvez 2 tasses chaque jour, jusqu'à amélioration. Cette tisane est excellente pour réguler le taux de cholestérol mais, du fait de la présence de réglisse, elle est déconseillée aux personnes sujettes à l'hypertension.

Cicatrice

- Argile verte en poudre

Pour hâter la guérison d'une petite cicatrice, appliquez quotidiennement un cataplasme froid d'argile verte. Poursuivez le traitement aussi longtemps que nécessaire, jusqu'à ce que vous constatiez une nette amélioration. À noter que l'utilisation de cataplasmes d'argile pour traiter les cicatrices est tellement efficace qu'elle est même utilisée dans un nombre croissant d'hôpitaux qui privilégient le confort et le bien-être des patients qui viennent d'être opérés.

Circulation sanguine (1)

Selon les données officielles les plus récentes, les problèmes de circulation sanguine touchent au moins 18 millions de personnes en France, dont trois fois plus de femmes que d'hommes. Inconfort, lourdeurs et fatigue des jambes sont les premiers signaux d'une mauvaise circulation sanguine. La chaleur peut être un facteur aggravant.

Quelques tisanes peuvent être des facteurs permettant d'atténuer le problème. Notamment une tisane qui fait la part belle au tilleul. Et pour cause : les fleurs de tilleul contiennent une intéressante quantité de magnésium. C'est grâce à cette substance que les infusions de tilleul possèdent des vertus sédatives, mais aussi antispasmodiques et vasodilatatrices (favorisant une meilleure circulation sanguine).

Tisane de tilleul.

- 4 bractées de tilleul séchées
- Miel de tilleul

Faites infuser 4 bractées de tilleul séchées pendant 5 minutes dans une grande tasse d'eau bouillante. Filtrez ensuite la préparation et agrémentez-la de miel de tilleul. Buvez 2 à 3 tasses de cette tisane chaque jour, jusqu'à amélioration.

Circulation sanguine (2)

- 1 c. à c. de fleurs d'aspérule odorante séchées

Préparez une infusion en comptant 1 cuillerée à café de fleurs d'aspérule odorante séchées pour 25 cl d'eau bouillante. Faites infuser pendant 5 minutes avant de filtrer et de boire entre 1 à 3 tasses chaque jour, jusqu'à amélioration.

L'aspérule odorante (ou gaillet odorant, petit muguet, reine-des-bois, selon les appellations qu'on lui donne) est une petite plante vivace des sous-bois, très rustique, qui arbore un feuillage persistant d'une magnifique couleur vert émeraude. Au printemps apparaissent des petites fleurs blanc ivoire, très mellifères. Ces fleurs possèdent des vertus antispasmodiques. Leur consommation permet donc de soulager les patients touchés par de légers troubles digestifs. Les sommités fleuries apaisent les spasmes musculaires, notamment digestifs et génito-urinaires tels que les ballonnements, les gaz ou les flatulences. Dans le cas présent, ce sont ses propriétés anticoagulantes qui sont particulièrement précieuses. Elles améliorent le retour veineux et sont notamment à conseiller en cas de mauvaise circulation sanguine au niveau des jambes.

Rhizome de tormentille.

Coliques

Bien connues chez le nourrisson, les coliques peuvent aussi toucher les personnes adultes. Ce sont des douleurs liées aux spasmes des organes creux du corps comme les intestins ou les uretères. Elles peuvent être intestinales, parfois liées à une gastro-entérite (elles guérissent alors en quelques jours), néphrétiques ou salivaires (dans ce dernier cas, aucun traitement allopathique n'est nécessaire car le calcul qui bloque la production de salive dans la bouche disparaît de lui-même).

- 20 g de rhizomes de tormentille

Pour traiter naturellement les coliques, mettez 20 g de rhizomes de tormentille, préalablement concassés, dans 50 cl d'eau froide. Faites macérer pendant 15 minutes, portez sur le feu et faites bouillir pendant 5 minutes, puis laissez infuser pendant une dizaine de minutes. Filtrez et buvez 3 à 4 tasses par jour, jusqu'à amélioration.

Relativement peu connue, la tormentille est une plante vivace qui pousse de manière spontanée dans de nombreuses régions d'Asie et d'Europe, à l'exception du Bassin méditerranéen. La plante (et notamment sa racine brune et épaisse) est appréciée pour ses nombreuses propriétés thérapeutiques. Grâce à son effet tonique astringent, elle agit contre la diarrhée, la gastro-entérite, la dysenterie (une infection bactérienne accompagnée de diarrhées) et les néphrites (des inflammations des reins). La tormentille est aussi indiquée pour faire baisser la fièvre en cas de tuberculose (elle a un effet fébrifuge), pour stopper les hémorragies (par son effet hémostatique), pour traiter l'incontinence urinaire et les leucorrhées (ou pertes blanches). En usage externe, cette plante est employée pour traiter les maux de gorge (pharyngites, laryngites), les gingivites, les brûlures, les ulcères, les jambes lourdes et les hémorroïdes.

Conjonctivite (1)

- Argile

Une rougeur, une extrême sensibilité à la lumière, une sensation de brûlure ou d'égratignure, des écoulements qui font penser à du pus, des larmoiements : vous avez une conjonctivite ! Pour la soigner de manière douce et naturelle, appliquez sur vos yeux des petits cataplasmes froids d'argile, isolés par une gaze. Renouvelez le cataplasme régulièrement (au minimum toutes les 30 minutes), en utilisant une nouvelle gaze propre à chaque fois, jusqu'à amélioration.

Bleuets.

Conjonctivite (2)

- 1/2 c. à c. de bleuets
- 1/2 c. à c. de camomilles

Même si ces compresses ne vous dispensent pas d'une visite chez l'ophtalmologue, elles vous soulageront en cas de conjonctivite. Faites une décoction en portant à ébullition les deux plantes plongées dans l'eau bouillante pendant quelques minutes. Laissez ensuite refroidir quelque peu, filtrez et appliquez des compresses sur les yeux affectés.

Miel d'acacia.

Conjonctivite (3)

- 2 c. à s. de miel d'acacia

Autre moyen de traiter la conjonctivite : les compresses à base de miel d'acacia. Surprenant, mais efficace. Faites fondre 2 cuillerées à soupe de miel d'acacia dans un bol d'eau chaude. Laissez un peu refroidir, puis imbibez des compresses avec cette préparation. Appliquez-les sur les yeux et laissez agir pendant quelques minutes. Répétez la même opération jusqu'à amélioration.

Très apprécié et assez répandu, ce miel monofloral a une couleur jaune très pâle tirant sur le vert clair. Plus liquide que d'autres variétés de miel, il dégage une odeur assez subtile, avec des nuances vanillées. D'une saveur douce et suave, il fait merveille en pâtisserie. Il ne faudrait pourtant pas oublier ses formidables attraits-santé. Très riche en fructose et glucose, il a une teneur très intéressante en sels minéraux et en vitamines. Il apaise certaines douleurs, régule le fonctionnement intestinal, stimule l'appétit, fortifie le squelette (encore plus important en période de croissance), combat les affections du système respiratoire (notamment chez les enfants), aide à la détoxification du foie... Dans le cas de la conjonctivite, ce sont surtout les propriétés antibactériennes et antivirales de ce miel qui sont intéressantes.

Constipation (1)

- Argile blanche

En cas de constipation légère, vous pouvez privilégier un traitement à base d'argile blanche. Appliquez sur l'abdomen des cataplasmes froids d'argile, à raison de deux applications quotidiennes jusqu'à amélioration. Une précaution essentielle : ces cataplasmes ne peuvent en aucun cas être appliqués sur l'abdomen pendant les repas ou durant la digestion.

Argile blanche.

Constipation (2)

- 1 c. à c. de baies de sureau séchées

Pour combattre naturellement la constipation, vous pouvez aussi préparer une tisane de baies de sureau séchées. Comptez une cuillerée à café de baies de sureau séchées par tasse d'eau bouillante. Laissez infuser pendant une dizaine de minutes, puis filtrez la préparation avant de la boire, à raison de 3 tasses quotidiennes. Selon le goût, vous pouvez sucrer cette tisane en y incorporant un petit peu de miel.

Coup de soleil (1)

- Argile verte

Réputée pour traiter les brûlures légères, l'argile est aussi connue pour soulager les coups de soleil, à condition qu'ils soient, eux aussi, légers. En cas de coup de soleil, appliquez le plus vite possible des cataplasmes froids d'argile verte sur les zones à traiter. Renouvelez-les toutes les 2 heures, jusqu'à amélioration. L'argile va agir sur plusieurs plans : elle va apaiser la douleur, éliminer les cellules détruites et favoriser la reconstruction cellulaire.

Coup de soleil (2)

- 1 c. à s. de vaseline
- 1 c. à c. de miel
- 10 gouttes d'huile essentielle de lavande

Baies de sureau.

Voici une pommade après-soleil d'une rare efficacité pour soulager les coups de soleil. Versez 1 cuillerée à soupe de vaseline dans un bol posé sur un bain-marie. Ajoutez-y 1 cuillerée à café de miel et faites fondre le tout, sans cesser de remuer. Retirez le bol du bain-marie, incorporez les 10 gouttes d'huile essentielle de lavande (dont les propriétés antiseptiques vont hâter la guérison), puis mélangez à nouveau la préparation. Transvasez-la dans un pot propre fermant hermétiquement tant qu'elle est encore chaude, avant qu'elle ne se fige, et utilisez-la en fonction des besoins pour soigner vos coups de soleil.

Deux précisions : cette pommade « faite maison » s'étale très facilement sur la peau, mais elle ne convient que pour les coups de soleil légers.

Pommade contre les coups de soleil.

Crampes d'estomac (1)

- Eau

Prenez un tissu propre et replié 3 ou 4 fois sur lui-même pour lui donner de l'épaisseur. Une fois replié, sa taille doit toutefois permettre de couvrir parfaitement toute la zone épigastrique. Trempez-le, une fois plié et à la bonne taille, dans de l'eau bouillante, puis essorez-le. Il doit être bien imbibé, mais pas dégoulinant d'eau. Entourez alors cette compresse avec un linge de bain en simple épaisseur (ce linge va protéger la peau de la forte chaleur de la compresse) et appliquez le tout sur le creux épigastrique. Couvrez d'une bouillotte d'eau chaude qui va permettre de mieux maintenir la chaleur de la compresse. Enfin, couvrez l'ensemble d'une couverture. Maintenez le tout en place pendant 15 à 30 minutes et répétez ce traitement aussi souvent que nécessaire, jusqu'à amélioration.

Pour rappel, le creux épigastrique comprend la région médiane et supérieure de l'abdomen, comprise entre l'ombilic (le nombril) et le sternum.

Voilà un traitement contre les crampes d'estomac qui ne nécessite qu'un seul ingrédient que nous possédons tous : de l'eau. Difficile de faire plus simple et plus économique. Difficile, aussi, de faire plus efficace pour traiter naturellement des crampes d'estomac souvent dues à des tensions nerveuses ou à des difficultés de digestion.

Crampes d'estomac (2)

- Argile verte

En cas de crampes d'estomac, pensez à l'argile verte en cataplasme. Ces cataplasmes peuvent sans problème être posés sur le système digestif, à condition que ce soit en dehors des repas (comptez 2 heures avant et 2 heures après les repas avant d'appliquer un cataplasme).

Cystite

- Argile montmorillonite ou illite

Des cataplasmes chauds d'argile montmorillonite ou illite ont la réputation de traiter naturellement et efficacement les cystites. Appliquez ces cataplasmes sur la vessie, maintenez-les en place tant qu'ils sont chauds. Procédez ainsi jusqu'à guérison.

Défenses immunitaires (1)

Le système immunitaire de l'organisme joue un rôle majeur pour préserver notre santé. Il se compose surtout des ganglions lymphatiques, du thymus, de la rate (important réservoir de globules blancs), des muqueuses et de la moelle osseuse (qui fabrique l'ensemble des globules blancs, soit 15 milliards). Le système immunitaire est un système de surveillance et de défense qui fonctionne en permanence pour protéger notre organisme des agressions extérieures. Étonnant : le système immunitaire peut répondre à un million de corps étrangers (bactéries, virus, parasites...) en même temps ! C'est dire s'il est absolument essentiel.

Orties séchées.

- 1 c. à s. d'orties séchées
- 1 c. à c. de miel

Pour renforcer l'immunité, une tisane d'orties séchées est intéressante. Comptez 1 cuillerée d'orties séchées par grande tasse d'eau bouillante. Faites infuser pendant une dizaine de minutes, puis filtrez la préparation et sucrez-la avec du miel (idéalement du miel de sapin d'une grande richesse en magnésium, zinc, fer, potassium, phosphore...). Buvez 2 à 3 tasses par jour.

Défenses immunitaires (2)

- 2 c. à c. de fleurs de souci séchées
- Le jus d'1 orange
- Quelques gouttes de fleur d'oranger

Toujours dans le but de renforcer l'immunité, vous pouvez aussi préparer une tisane de fleurs de souci agrémentée à l'eau de fleur d'oranger. Un délice ! Pour cela, faites infuser pendant 5 minutes 2 cuillerées à café de fleurs de souci séchées dans une grande tasse d'eau bouillante. Filtrez la préparation, puis ajoutez le jus d'une orange et quelques petites gouttes d'eau de fleur d'oranger. Buvez-en 2 à 3 tasses quotidiennement.

Dépression

- Argile montmorillonite

Vous vous sentez légèrement déprimé ? Vous avez un petit coup de blues ? Vous vous sentez cafardeux ? Pour vous sentir mieux, appliquez sur la nuque un cataplasme d'argile montmorillonite et bandez-le relativement serré sur le front. Laissez agir pendant 2 à 3 heures ou, encore mieux, toute une nuit. Il faut noter que, pour efficace qu'il soit, ce remède n'est intéressant que dans le cas d'une baisse de moral passagère.

Tisane d'ortie.

Diabète (1)

Selon les chiffres les plus récents, la France totalise près de 5 millions de diabétiques diagnostiqués. Les estimations les plus optimistes font état d'environ 1 million de diabétiques supplémentaires non diagnostiqués. On parle donc d'environ 1 personne sur 10 touchée par la maladie. Il s'agit d'un véritable problème de santé publique provoqué essentiellement par de mauvaises conditions de vie (stress, sédentarité, mauvaises habitudes alimentaires...) et par une alimentation particulièrement peu qualitative (alimentation low-cost bourrée d'additifs dangereux pour la santé, malbouffe industrielle...). Considéré par l'OMS comme « l'un des principaux tueurs au monde », le diabète affecte directement la vie des personnes atteintes (traitement contraignant, dialyses, risque de cécité, d'amputation, d'infections sévères et de maladies cardiovasculaires...) et le budget national, avec un coût estimé dépassant largement 4 500 euros/personne/an.

- 1 c. à s. d'orties séchées

La tisane qui suit ne guérit pas plus le diabète que les médications allopathiques prescrites en masse par les médecins conventionnels. Par contre, accompagnée par une meilleure alimentation et de meilleurs modes de vie, elle permet de diminuer drastiquement le risque de développer un diabète. Elle est donc très utile à titre préventif. Préparez une infusion à base de 1 cuillerée à soupe d'orties séchées par litre d'eau bouillante. Faites infuser pendant une petite dizaine de minutes, puis filtrez avant de boire la tisane, à raison de 2 tasses chaque jour. L'ortie ayant une action sur le pancréas, elle permet de faire baisser naturellement le taux de glycémie.

Tisane de sauge.

Diabète (2)

- 1 c. à c. de sauge séchée

Autre possibilité : la tisane de sauge séchée. Préparez une infusion à base de 1 cuillerée à café de sauge séchée par tasse d'eau bouillante. Faites infuser pendant une dizaine de minutes, filtrez et buvez chaque jour 2 à 3 tasses de cette boisson, également à titre préventif.

Menthe.

Diarrhée (1)

- 1 c. à c. de menthe (fraîche ou séchée)

Pour préparer une tisane à la menthe, comptez 1 cuillerée à café de menthe fraîche ou séchée par grande tasse d'eau bouillante. Laissez infuser pendant environ 5 minutes avant de filtrer la préparation et de boire 2 à 3 tasses chaque jour, jusqu'à amélioration.

La menthe se positionne comme « la » plante recommandée pour traiter la diarrhée. Si, avec beaucoup d'intelligence, les populations arabes troquent le café pour le thé à la menthe à la fin du repas, ce n'est pas uniquement pour une question gus-

tative ou pour suivre une belle tradition. La menthe a tendance à augmenter la sécrétion de nos liquides digestifs (sucs et enzymes) qui permettent la transformation des aliments ingérés en de petites molécules qui passeront ensuite par l'intestin. La plante est également réputée pour assurer le bon fonctionnement du transit et elle est efficace contre la constipation et la diarrhée.

Ne cédez pas à la facilité en achetant les petits sachets du commerce : pour une question gustative, mais aussi pour une question d'efficacité, rien ne vaut de la menthe (fraîche ou séchée) en provenance de la plante que vous cultivez dans votre jardin, sur votre terrasse ou votre rebord de fenêtre.

Diarrhée (2)

- 1 c. à c. de basilic frais

Une autre possibilité s'offre à vous, toujours pour traiter la diarrhée : la tisane de basilic. Préparez une infusion en comptant 1 cuillerée à café de basilic frais par grande tasse d'eau bouillante. Faites infuser pendant une dizaine de minutes, filtrez et buvez chaque jour 2 à 3 tasses de cette préparation, jusqu'à amélioration.

Digestion (1)

- 2 c. à s. de graines d'angélique séchées
- 1 c. à s. de graines de fenouil

Vous avez du mal à digérer ? Et vous devez lutter contre les fermentations intestinales ? Pensez à une décoction d'angélique et de fenouil ! Versez 30 cl d'eau dans une casserole émaillée et ajoutez-y les graines d'angélique séchées (ou la même quantité de racines d'angélique séchées, selon ce que vous avez sous la main) et les graines de fenouil. Faites chauffer et bouillir pendant environ 5 minutes, puis laissez infuser pendant 15 minutes, casserole couverte par son couvercle. Filtrez et buvez cette décoction après le repas.

Graines de fenouil.

Digestion (2)

- 1 c. à s. de feuilles de menthe poivrée fraîches

Toujours pour améliorer la digestion, vous pouvez aussi préparer une infusion de la manière classique, en comptant 1 cuillerée à soupe de feuilles de menthe poivrée fraîches (ou 1 cuillerée à café de feuilles séchées) pour une tasse d'eau bouillante. Laissez infuser pendant environ 10 minutes, filtrez et buvez.

Petite astuce : avec le même objectif en tête, vous pouvez aussi mâcher des feuilles de menthe fraîche. Cela aidera à bien digérer tout en vous donnant une haleine agréable.

Douleurs articulaires

- 1 c. à s. de miel de bruyère liquide
- 1 filet de vinaigre de cidre
- 20 gouttes d'huile essentielle de lavande

Versez 1 cuillerée à soupe de miel de bruyère liquide (utilisé pour ses propriétés anti-inflammatoires) dans un bol et ajoutez-y un filet de vinaigre de cidre (qui soulage les douleurs causées par les inflammations des articulations). Remuez à la cuillère jusqu'à ce que le vinaigre soit complètement incorporé au miel. Ajoutez alors une vingtaine de gouttes d'huile essentielle de lavande et mélangez à nouveau jusqu'à l'obtention d'une préparation bien homogène. Appliquez cet onguent sur les zones douloureuses à l'aide d'une compresse propre. Laissez agir pendant une demi-heure, puis rincez à l'eau tiède. Répétez cette opération trois fois par jour, jusqu'à amélioration.

Douleurs rhumatismales

- 50 g de romarin frais
- 2 c. à s. de miel de framboisier

Pour lutter contre les douleurs rhumatismales qui peuvent être handicapantes, préparez une décoction en mettant 50 g de romarin frais dans 1 litre d'eau. Faites mijoter pendant une dizaine de minutes, puis éteignez le feu et laissez tiédir. Incor-

Romarin frais.

porez ensuite le miel de framboisier (un autre miel peut aussi convenir, mais le miel de framboisier est vraiment très efficace dans ce cas). Imbibez des compresses propres et appliquez-les sur les zones douloureuses.

Douleurs vertébrales

D'une manière assez générale, les douleurs qui se situent sur la colonne vertébrale résultent souvent de la combinaison de deux éléments : une accumulation de déchets entre les vertèbres et une inflammation des éléments composants l'articulation, cette inflammation étant elle-même provoquée par l'accumulation de toxines. L'amélioration de la circulation et l'apport d'une source de chaleur favorisant l'élimination des déchets permettent de contrer le problème et d'atténuer les douleurs qui en résultent.

Argile blanche.

- Argile en poudre

Pour cela, mélangez de l'argile en poudre avec de l'eau de manière à obtenir une préparation pâteuse qui doit être à la fois humide et ferme. Étendez-en une couche épaisse de 1 à 2 cm sur la zone du dos à traiter et couvrez d'un linge propre. Maintenez le cataplasme en place jusqu'à ce qu'il soit sec et répétez cette opération chaque jour, jusqu'à amélioration.

Durillon

Le pied est l'une des parties du corps qui souffre le plus et à laquelle on ne prête souvent pas trop d'attention, jusqu'au moment où il se rappelle douloureusement à votre bon souvenir. Le durillon n'est rien d'autre qu'une petite excroissance qui peut apparaître sur différentes zones de pression.

- Argile en poudre

Pour le traiter, préparez chaque soir un cataplasme froid d'argile en poudre, appliquez-le sur la zone à traiter et maintenez-le en place toute la nuit. Répétez ce traitement plusieurs jours d'affilée, ce qui rendra le durillon plus facile à limer.

Ecchymose

Les ecchymoses, familièrement appelées bleus, sont des meurtrissures de la peau qui résultent d'un coup. Pour soulager la douleur mais aussi pour aider à résorber ces marques peu esthétiques, voilà un cataplasme qui allie originalité et efficacité.

- 2 c. à c. de graines de moutarde
- 1 filet d'huile végétale au choix
- 2 brins de lavande
- Poivre noir moulu

Graines de moutarde.

Mettez 2 cuillerées à café de graines de moutarde dans un bol et ajoutez-y un filet d'une huile végétale de votre choix. Mélangez à la spatule de manière à obtenir une préparation pâteuse assez consistante. Saupoudrez généreusement de poivre moulu, puis ajoutez 2 brins de lavande préalablement coupés en très petits morceaux. Mélangez le tout puis, à l'aide d'une spatule, déposez cette préparation au centre d'une compresse stérile propre. Appliquez-la aussitôt sur la zone à traiter et maintenez-la en place pendant 1 à 2 heures. Renouvelez si nécessaire.

Une précision : plus la quantité de poivre moulu est importante, plus le pouvoir analgésique du cataplasme sera renforcé.

Eczéma (1)

- Argile illite
- Huile d'olive

Pour traiter naturellement un eczéma, appliquez des cataplasmes d'argile illite à laquelle vous aurez préalablement ajouté quelques gouttes d'une huile d'olive de qualité. Remplacez les cataplasmes aussi souvent que nécessaire, jusqu'à la guérison. Complémentairement, vous pouvez boire chaque jour un grand verre d'eau argileuse, à base d'argile illite également.

Il est important de traiter rapidement, d'autant plus qu'il s'agit d'une maladie cutanée qui semble en pleine expansion dans nos régions, notamment du fait de la pollution ambiante (à l'extérieur et à l'intérieur de nos habitations) : elle touche jusqu'à 10 % des adultes et 30 % des enfants.

Sauge.

Eczéma (2)

- 100 g de feuilles de sauge séchées

Préparez une décoction en faisant bouillir 100 g de feuilles de sauge séchées dans 1 litre d'eau durant 5 minutes. Laissez infuser pendant 5 autres minutes, puis filtrez. Imbibez des compresses propres avec cette décoction et appliquez-les sur les zones à traiter.

Autre manière de venir à bout d'un eczéma : des compresses de sauge. Cette plante est fort intéressante car elle active la cicatrisation des plaies et, pour résumer, fait tout simplement disparaître l'eczéma.

Entorse

- Argile montmorillonite ou illite

Une entorse ? Appliquez le plus vite possible un cataplasme froid d'argile montmorillonite ou illite. Changez le cataplasme dès qu'il commence à devenir chaud, généralement au bout d'une ou deux heures. Pour plus d'efficacité, effectuez 2 à 3 applications quotidiennes, jusqu'à amélioration.

Dans ce cas, l'argile vous fait surtout profiter de deux de ses plus intéressantes propriétés : anti-inflammatoire et anti-douleur. En outre, elle va relancer la circulation sanguine et résorber l'hématome. Évitez toutefois de trop serrer le bandage maintenant le cataplasme en place : il ne doit pas entraver la circulation du sang.

Fatigue (1)

Fatigue : l'un des grands maux de notre époque ! Alors que plus de 40 % des Français se plaignent de divers troubles du sommeil, les Françaises et les Français sont aussi de plus en plus fatigués. Selon une étude publiée à la fin 2021, 58 % des Français souffrent de fatigue depuis au moins six ans. À ce chiffre pour le moins interpellant, il faut encore ajouter tous les habitants de l'Hexagone qui souffrent de fatigue depuis moins de six ans. Les chiffres sont donc énormes ! Pour lutter contre un état général et persistant de fatigue, les médications allo-

pathiques ont déjà largement fait la preuve de leur inefficacité, en dépit du fait qu'elles peuvent engendrer accoutumance et dépendance aux drogues.

- 1 c. à s. d'un mélange de fleurs et de feuilles de cassis séchées

Une tisane de cassis est donc une meilleure solution. Pour la préparer, faites infuser une cuillerée à soupe d'un mélange de fleurs et de feuilles de cassis séchées dans une grande tasse d'eau bouillante pendant environ 10 minutes. Filtrez, puis buvez 2 à 3 tasses par jour, jusqu'à amélioration.

Fatigue (2)

- 2 c. à c. de fleurs séchées d'aubépine

Autre tisane intéressante dans le même contexte : celle d'aubépine. Versez 2 cuillerées à café de fleurs séchées (ou de fruits séchés) d'aubépine dans une grande tasse d'eau bouillante. Faites infuser pendant 10 minutes, filtrez et buvez 2 à 3 tasses quotidiennement, jusqu'à amélioration.

Fatigue (3)

- Thym (frais ou séché)
- 1 c. à s. de miel de châtaignier

Autre possibilité pour combattre la fatigue : faire confiance au combo thym-miel pour vous redonner de l'énergie. Faites infuser du thym de la manière classique dans une grande tasse d'eau, puis laissez tiédir. Incorporez ensuite 1 cuillerée à soupe de miel de châtaignier. Buvez aussitôt.

Tisane d'aubépine.

Fièvre (1)

La fièvre est avant tout un signal d'alarme : elle avertit de l'existence d'une pathologie et indique que votre organisme est occupé à lutter contre une agression (microbe, virus...).

- Argile en poudre

Pour soulager la fièvre, appliquez sur le bas-ventre un cataplasme froid d'argile, sans oublier de le renouveler dès qu'il commence à chauffer. Procédez ainsi jusqu'à amélioration. En complément, vous devez absolument éviter de vous déshydrater : buvez beaucoup d'eau.

Fièvre (2)

- 1 c. à s. de fleurs de sureau séchées

Fleurs de sureau.

Une autre possibilité : faites infuser 1 cuillerée à soupe de fleurs de sureau séchées dans une tasse d'eau bouillante pendant une dizaine de minutes. Filtrez, buvez et restez bien au chaud, sous la couette par exemple afin de transpirer (le sureau, avec ses propriétés sudorifiques, va vous y aider) et d'évacuer la fièvre.

Foie (1)

- Argile grise

Votre foie vous cause des soucis légers ? Une solution : les cataplasmes froids d'argile grise. Le soir, juste avant de vous coucher, au moins 2 heures après votre dernier repas ou votre dernière collation, appliquez sur le foie un cataplasme froid d'argile grise. Maintenez-le en place toute la nuit. Répétez le même traitement pendant 10 à 12 jours d'affilée. Si, malgré tout, les symptômes persistent, consultez un thérapeute compétent.

Foie (2)

- 1 c. à s. de racine de pissenlit
- 1 c. à s. de racine de chicorée sauvage

Tisane de racines de pissenlit et de chicorée sauvage.

Pour détoxifier le foie, en plus de miser sur une alimentation saine, biologique et équilibrée, une tisane de racines de pissenlit et de chicorée sauvage est très souvent fort efficace. Pour la préparer, faites bouillir 1 cuillerée à soupe de racine de pissenlit et la même quantité de racine de chicorée sauvage dans une grande tasse d'eau. Faites infuser pendant une dizaine de minutes avant de filtrer la préparation. Buvez chaque jour 2 tasses de cette tisane : une le matin et une le soir, jusqu'à amélioration. Seul bémol : le goût de cette tisane n'est pas franchement agréable. Mais quelle efficacité !

Foie (3)

- 2 c. à c. de fleurs de souci séchées
- 1 c. à c. de miel

Même objectif, mais beaucoup plus agréable au goût, voici la tisane de souci aromatisée au miel. Pour la préparer, faites infuser 2 cuillerées à café de fleurs de souci séchées dans une grande tasse d'eau bouillante. Filtrez, sucrez avec 1 cuillerée à café de miel et buvez 2 à 3 tasses de cette tisane chaque jour, jusqu'à amélioration.

Foulure

- Argile montmorillonite ou illite

Voici une manière simple, naturelle et efficace de traiter une foulure : appliquez un épais cataplasme froid d'argile montmorillonite ou illite sur la zone à traiter. Changez-le dès qu'il commence à devenir chaud et poursuivez jusqu'à amélioration. Il faut noter que ce remède naturel est efficace pour les foulures légères. Si celle-ci est plus grave, consultez un thérapeute compétent.

Argile illite.

Furoncle

Un furoncle est causé par un staphylocoque. Il s'agit d'une infection de la peau qui touche plus spécifiquement les personnes sensibles dont le système immunitaire est déficient, ainsi que les diabétiques.

- Argile illite

Pour traiter un furoncle, appliquez dessus un cataplasme froid d'argile illite. Changez-le dès qu'il commence à chauffer. Renouvelez jusqu'à amélioration, sachant que la durée de traitement peut fortement varier d'une personne à l'autre. Attention : dans un premier temps, il peut vous sembler que le problème s'aggrave. Ne vous inquiétez pas : cette réaction est directement liée à l'action purificatrice de l'argile illite. Cependant, si le furoncle devait résister à ce traitement, pensez à consulter un thérapeute compétent.

Gastro-entérite

Nausées, vomissements, fièvre, diarrhées, maux de tête : voilà quelques-uns des principaux symptômes de la gastro-entérite. La tant redoutée gastro. Souvent due à un virus, parfois à une bactérie (notamment la salmonelle), la gastro-entérite oblige à mettre le corps au repos et à boire beaucoup d'eau mais seulement par petites gorgées à la fois.

- Argile blanche

Pour la traiter, appliquez des cataplasmes froids d'argile blanche sur l'abdomen et l'estomac, en les changeant dès qu'ils commencent à chauffer. Poursuivez ce traitement jusqu'à amélioration. Attention : n'appliquez pas ces cataplasmes dans les 2 heures précédant ou suivant un repas ou une collation.

Miel.

Gerçure

- 1 c. à s. d'huile végétale d'amande douce
- 2 c. à s. de miel

Pour traiter les gerçures qui apparaissent sur la peau, et notamment sur les mains, un baume « fait maison » à base d'huile d'amande douce et de miel fait souvent des merveilles. Mélangez intimement l'huile d'amande douce et le miel, puis appliquez ce baume sur les gerçures. Laissez agir pendant une demi-heure avant de rincer à l'eau claire et de sécher. Répétez l'opération aussi souvent que nécessaire, jusqu'à amélioration. Sauf, bien entendu, si vous êtes allergique à l'huile végétale d'amande douce. C'est rarissime, mais cela peut arriver.

Par contre, si ce sont vos lèvres qui sont gercées, appliquez plutôt un peu de miel sur les gerçures, le soir juste avant d'aller dormir. Le miel agit alors tout au long de la nuit. Poursuivez ce traitement jusqu'à amélioration.

Gorge irritée (1)

- 1 c. à s. de pétales séchés de coquelicot
- 1 c. à s. de miel

Pour soulager les irritations de la gorge, préparez une tisane à base de pétales séchés de coquelicot. Faites infuser 1 cuillerée à soupe de pétales séchés dans une grande tasse d'eau bouillante pendant 10 minutes. Filtrez, agrémentez d'une cuillerée à soupe de miel et buvez 2 à 3 tasses chaque jour, jusqu'à amélioration.

S'il s'agit d'une magnifique petite fleur champêtre qui enjolive les campagnes en été, le coquelicot est aussi une plante-santé très intéressante. C'est notamment une plante pectorale très efficace qui soulage les affections respiratoires, les irritations de la gorge, les enrouements et la toux sèche.

Gorge irritée (2)

- 2 citrons bio

Citrons.

Autre possibilité : le cataplasme de citron. Coupez un citron bio en quatre grosses tranches épaisses d'au moins 1 cm. Déposez-les, en les alignant, sur la moitié de la largeur du tissu de la compresse, puis repliez l'autre moitié par-dessus. Comprimez alors les citrons pour qu'ils ramollissent et que leur jus commence tout juste à sortir (vous pouvez utiliser un rouleau à pâtisserie). Posez le cataplasme sur le cou, en mettant 2 rondelles de citron de chaque côté. Posez par-dessus un petit linge propre de protection et fixez le tout au moyen d'une écharpe. Maintenez en place pendant 30 à 60 minutes et effectuez 2 applications quotidiennes, jusqu'à amélioration. Attention : vous pouvez ressentir une petite irritation doublée d'un léger picotement qui sont dus à l'acidité des citrons. Si la gêne est trop forte, essayez d'utiliser des citrons un peu moins acides.

Gorge irritée (3)

- 1 c. à c. de serpolet séché

Autre option encore : la tisane de serpolet. Faites infuser 1 cuillerée à café de serpolet séché dans une grande tasse d'eau bouillante pendant 10 minutes. Filtrez et buvez 2 à 3 tasses quotidiennement, jusqu'à amélioration.

Le thym serpolet est reconnu pour ses innombrables bienfaits et est donc incontournable en phytothérapie. Ses propriétés diurétiques sont unanimement admises, tout comme son utilité en cas de douleur gastrique, de brûlure d'estomac ou de grippe intestinale. Mais le serpolet est aussi précieux pour détendre les personnes surmenées et/ou surexcitées. Ses propriétés expectorantes le rendent utile en cas de toux, de mal et d'irritations de la gorge.

Serpolet.

Goutte

Provoquée par un excès d'acide urique dans le sang, la goutte se manifeste essentiellement par une crise aiguë d'arthrite fort douloureuse, par une atteinte rénale et par des dépôts de petits cristaux d'urate dans les zones sous-cutanées. Il s'agit d'un problème essentiellement masculin qui peut être influencé par certains facteurs aggravants : trop grande sédentarité, trop importante consommation d'alcool ou de protéines d'origine animale (poisson, fruits de mer, viande rouge ou blanche...), sans oublier l'hérédité ou des problèmes rénaux.

Argile verte.

- Argile montmorillonite ou illite

L'application de cataplasmes d'argile montmorillonite ou illite se montre habituellement efficace, à la condition de maintenir les cataplasmes en place pendant au moins 2 heures et de poursuivre le traitement, sans interruption, jusqu'à amélioration.

Hémorroïdes

- Argile verte
- Sel marin

Simple et efficace : chaque soir, commencez par laver la zone à traiter au moyen d'un lavement d'eau argileuse salée au sel marin. Ensuite, appliquez un cataplasme froid d'argile verte et maintenez-le en place toute la nuit. Le lendemain matin, retirez le cataplasme et effectuez un bain de siège d'eau froide. Poursuivez le même traitement chaque jour, jusqu'à amélioration.

Hypertension (1)

De nos jours, de plus en plus de personnes souffrent d'hypertension et il est malheureusement parfois difficile de trouver le traitement allopathique adéquat, sachant en plus que la plupart des médications chimiques comportent leur lot de contre-indications et d'effets secondaires qui sont loin d'être négligeables.

Argile verte.

- Argile montmorillonite ou illite

Une manière de lutter naturellement contre l'hypertension consiste en l'application de cataplasmes froids d'argile montmorillonite ou illite sur le foie, sur l'abdomen et sur les reins en alternance. Attention : ces cataplasmes ne peuvent pas être appliqués 2 heures avant jusqu'à 2 heures après chaque repas ou collation.

Hypertension (2)

- 2 branches de céleri, avec leurs feuilles
- Le jus et le zeste d'un citron

Céleri.

Certaines tisanes à base de plantes judicieusement sélectionnées permettent aussi de réguler l'hypertension artérielle. C'est le cas, entre autres, d'une tisane associant les bienfaits du céleri à ceux du citron. Commencez par laver soigneusement les branches de céleri et par éliminer les feuilles abîmées. Lavez aussi le citron qui doit impérativement être de qualité biologique puisque vous allez utiliser son zeste. Zestez le fruit et détaillez-le grossièrement en lanières. Pressez le citron pour en recueillir tout le jus. Mettez 1 litre d'eau à bouillir. Dès qu'elle est à ébullition, mettez-y les branches de céleri préalablement coupées en tronçons et le zeste de citron. Laissez infuser pendant une petite dizaine de minutes sur feu doux, puis laissez reposer la préparation hors du feu pendant encore 10 minutes. À ce moment, filtrez la préparation pour en retirer les morceaux de céleri et de citron, puis ajoutez le jus du citron et mélangez. Buvez 1 à 2 tasses de cette tisane chaque jour, jusqu'à amélioration.

Hypertension (3)

- 1 gousse d'ail
- Le zeste d'une orange bio

Une autre tisane poursuit le même objectif : réguler une tension artérielle trop élevée. Le mélange de ses composants peut surprendre, mais l'efficacité est bel et bien au rendez-vous.

Pelez une gousse d'ail et coupez-la en petits morceaux. Zestez une orange de qualité biologique de manière à récupérer 1 à 2 cuillerées à café de zeste. Faites bouillir une grande tasse d'eau, puis faites-y infuser pendant au moins 5 minutes la gousse d'ail en morceaux et les 2 cuillerées à café de zeste d'orange. Filtrez et buvez chaque jour, jusqu'à amélioration.

Indigestion (1)

L'indigestion est une affection très courante qui ne doit pas être assimilée à une maladie, mais plutôt à une conjonction de symptômes : douleurs ou gênes abdominales parfois associées à un ballonnement, nausées, constipation ou au contraire diarrhée, flatulences ou éructations. Ce trouble, que les spécialistes appellent dyspepsie, est généralement sans gravité mais il est conseillé de consulter un médecin s'il survient chez un enfant, lorsqu'il perdure ou qu'il s'accompagne de certains symptômes (fièvre, sang dans les selles...).

- 2 tiges de mélisse fraîche, avec les feuilles

Pour traiter une indigestion occasionnelle, la tisane de mélisse est recommandée. Mettez 2 tiges de mélisse fraîche, avec les feuilles, dans 1 litre d'eau bouillante. Faites infuser pendant un petit quart d'heure, puis filtrez la préparation. Laissez-la refroidir et buvez 1/2 tasse chaque jour, jusqu'à amélioration.

Tisane de mélisse.

Souvent qualifiée d'amie du système digestif, la mélisse est originaire des régions méditerranéennes. Parmi ses nombreuses qualités, elle a le pouvoir de calmer les spasmes nerveux de l'estomac et du côlon, d'agir en cas de ballonnements, de flatulences et de renvois, en tout cas lorsque ces troubles sont dus à de la nervosité ou à des contractions spasmodiques. Elle stimule aussi en douceur les processus digestifs.

Indigestion (2)

- 1 c. à c. de millepertuis
- 1 c. à c. de miel d'acacia

Par ailleurs, et bien qu'elle ait une saveur un peu amère qui ne plaira peut-être pas à tout le monde, une tisane de millepertuis agrémentée de miel est aussi intéressante pour traiter une indigestion. Comptez 1 cuillerée à café de millepertuis et la même quantité de miel d'acacia par grande tasse d'eau. Faites infuser pendant une dizaine de minutes, filtrez et buvez 2 à 3 tasses quotidiennement, jusqu'à amélioration.

Insolation

- Argile verte
- Sel marin

Tisane de millepertuis.

Une impression de chaleur sur l'ensemble du visage, une sensation de malaise généralisé, des nausées et céphalées, une relative oppression au niveau du thorax, des bourdonnements d'oreille, voire même de la tachycardie : c'est l'insolation ! Il est important de réagir au plus vite, en appliquant sur le front un cataplasme froid d'argile verte et de sel marin. Maintenez-le en place jusqu'à ce qu'il commence à chauffer.

Insomnie (1)

Les chiffres sont peut-être étonnants, mais ils sont aussi inquiétants : selon les données officielles les plus récentes, plus de 16 % des Françaises et des Français souffrent d'insomnie. Presque 1 Français sur 5. Complémentairement, 17 % d'entre eux se plaignent de troubles du rythme du sommeil, 5 % du syndrome des jambes sans repos et 4 % d'apnée du sommeil. Autant dire que, pour une multitude de raisons (stress, mauvaise hygiène de vie, alimentation déséquilibrée et de piètre qualité...), les Français ont un très mauvais sommeil puisque plus de 40 % d'entre eux déclarent avoir l'un ou l'autre problème lié au sommeil.

Agripaume.

- 2 c. à c. d'agripaume séchée

Préparez une infusion à base de 2 cuillerées à café de plante séchée pour une tasse d'eau bouillante. Après infusion d'une petite dizaine de minutes, filtrez la préparation et buvez 2 à 3 tasses quotidiennement, jusqu'à amélioration.

Pour traiter l'insomnie, la tisane d'agripaume peut se révéler fort efficace. Et pour cause : si elle est connue pour ses effets positifs sur le système cardiaque, la digestion ou le syndrome prémenstruel, elle est aussi riche en composés favorisant l'endormissement. Notamment quand les insomnies sont causées par une accélération du rythme cardiaque au moment de se mettre au lit, si vous ressentez des palpitations ou une tachycardie. Les feuilles d'agripaume (déconseillée aux femmes enceintes, aux personnes souffrant d'hypotension ou de rythme cardiaque trop lent) renferment des alcaloïdes ou des flavonoïdes, aux effets sédatifs et antiarythmiques.

Insomnie (2)

- 4 bractées de tilleul
- Miel de tilleul

Très savoureuse, la tisane de tilleul aromatisée au miel est aussi à préconiser. Faites infuser 4 bractées de tilleul dans une grande tasse d'eau bouillante pendant 5 minutes. Filtrez la préparation, agrémentez-la d'un peu de miel de tilleul et buvez 2 à 3 tasses chaque jour, jusqu'à amélioration.

Baume pour les lèvres fragiles.

Lèvres fragiles

- 1/2 c. à c. de cire d'abeille
- 1 c. à c. de beurre de karité
- 1/2 c. à c. de miel de tilleul

Vous avez les lèvres fragiles ? Voici le baume qu'il vous faut ! Dans un bain-marie posé sur un feu doux, faites fondre la cire d'abeille, le beurre de karité et le miel de tilleul. Mélangez, puis transvasez la préparation dans un petit pot propre et fermant hermétiquement. Glissez-le dans le congélateur durant une dizaine de minutes. Vous pouvez utiliser ce baume naturel 100 % protecteur et nourrissant chaque matin (surtout pendant toute la période hivernale), surtout si vos lèvres ont tendance à gercer rapidement.

Extrait des fruits du karité, arbuste poussant exclusivement à l'état sauvage en Afrique de l'Ouest, le beurre végétal de karité a une odeur qui fait songer aux noisettes, avec des notes d'amande, et une couleur allant du jaune clair au beige pas trop soutenu. Riche et fondant au toucher, il est d'une grande richesse en acides gras et en vitamines A et E (dans sa version bio, en tout cas) et présente un aspect cireux lorsqu'il est à température ambiante (il peut devenir plus huileux si la température dépasse 32-34 °C). Il a la réputation d'apporter de l'élasticité à l'épiderme et se positionne comme un très bon cicatrisant naturel.

Lèvres sèches ou gercées

- 1 morceau de cire d'abeille
- 1 c. à c. d'huile de tournesol
- 6 à 7 gouttes d'huile essentielle de lavande
- 3 à 4 gouttes d'huile essentielle de citron

Vous avez les lèvres sèches ou gercées ? Voilà le baume labial qu'il vous faut ! Fragmentez la cire d'abeille au-dessus d'un bol pour obtenir de très fins copeaux. Ajoutez l'huile de tournesol et mélangez à la cuillère pour que la cire d'abeille s'imprègne bien d'huile de tournesol. Ajoutez alors l'huile essentielle de citron et celle de lavande. Faites chauffer le tout au bain-marie pendant environ 3 minutes, en remuant énergiquement pour bien mêler les composants. Pendant qu'elle est encore chaude, transvasez la préparation dans un pot propre à large ouverture et fermant hermétiquement. Laissez complètement refroidir avant de fermer le pot. Utilisez ce baume protecteur sur vos lèvres sèches ou gercées, en fonction des besoins : il gardera vos lèvres douces et légèrement brillantes.

Lumbago

Le lumbago touche la partie inférieure de la colonne vertébrale. Aiguë ou chronique, la crise de lumbago peut engendrer une invalidité plus ou moins importante. Pour traiter le problème, des massages sont souvent fort efficaces, tout comme un éventuel traitement orthopédique ou chirurgical. La prise de médicaments allopathiques est aussi une solution poussée par certains médecins, sachant que ces médicaments dont l'efficacité n'est pas toujours optimale ont leur lot de contre-indications et d'effets secondaires.

- Argile en poudre

Des cataplasmes chauds d'argile sont aussi fort efficaces, sans crainte d'effets secondaires plus ou moins graves. En cas de lumbago, appliquez chaque jour deux cataplasmes et maintenez-les en place jusqu'à ce qu'ils refroidissent. Espacez leur application dans la journée et continuez le traitement jusqu'à amélioration.

Monarde.

Mains abîmées (1)

- 7,5 cl de glycérine
- 2 gouttes d'huile essentielle de romarin
- 3 gouttes d'huile essentielle d'orange
- 2 gouttes d'huile essentielle de monarde

Jardinage et bricolage sont des activités agréables, mais qui, bien souvent, abîment les mains. Voici un baume adoucissant qui leur fera le plus grand bien. Versez délicatement la glycérine dans un flacon propre, puis ajoutez les huiles essentielles (romarin, orange et monarde). Fermez le flacon et agitez-le énergiquement pour mélanger les composants. En fonction des besoins, frictionnez-vous les mains avec ce baume, après les avoir soigneusement lavées et séchées.

Réputée pour aider à lutter naturellement contre divers problèmes de peau, l'huile essentielle de monarde a une activité immunostimulante et se positionne comme un puissant purifiant.

Mains abîmées (2)

- 10 g de feuilles de guimauve
- 20 cl d'eau minérale
- 10 g de cire d'abeille
- 10 g de beurre de cacao
- 50 g d'huile végétale d'amande douce
- 4 gouttes d'extrait de pépins de pamplemousse
- 10 gouttes d'huile essentielle de citron
- 10 gouttes d'huile essentielle de lavande douce

Vous allez vous lancer dans un travail qui risque de mettre vos mains à rude épreuve : jardinage, bricolage, voire même certains travaux d'entretien ménager ? Protégez-les avec cet onguent 100 % naturel. Mettez les feuilles de guimauve dans une casserole et ajoutez-y l'eau minérale. Portez à ébullition et laissez frémir pendant une dizaine de minutes. Retirez la casserole du feu, laissez tiédir la préparation et filtrez-la. Prélevez-en 4 cl à reverser dans la casserole précédente. D'autre part, au bain-marie, faites fondre la cire d'abeille et le beurre de cacao dans l'huile d'amande douce. Réchauffez la préparation à base de guimauve. Dès que celle-ci est à ébullition, versez-la petit à petit dans le mélange à base de cire d'abeille. Pendant cette opération mélangez au fouet électrique pour émulsionner le produit. Incorporez enfin l'extrait de pépins de pamplemousse et les huiles essentielles (citron, lavande). Transvasez cette préparation dans un flacon propre fermant hermétiquement. Vous pouvez le stocker dans le réfrigérateur. Utilisez cet onguent protecteur avant d'effectuer des travaux difficiles qui risquent d'abîmer vos mains. Avantage supplémentaire : il va réhydrater vos mains si elles sont sèches et rugueuses.

Crème à l'huile d'amande douce pour mains abîmées.

Mains sèches (1)

- 10 g d'un mélange de fleurs et de feuilles fraîches d'alchémille
- 10 g de feuilles de mélisse fraîches
- 5 cl de jus de citron
- 3 cl de vodka
- 4 gouttes d'huile essentielle d'orange douce
- 4 c. à s. de glycérine végétale

Alchémille.

Voici un excellent baume naturel pour adoucir vos mains. Hachez l'alchémille et la mélisse, puis jetez-les dans une casserole contenant 15 cl d'eau minérale ou, à la rigueur, d'eau du robinet filtrée (jamais d'eau du robinet non filtrée !). Portez à ébullition et laissez frémir pendant une dizaine de minutes. Filtrez et prélevez 4 cuillerées à soupe de cette infusion. Versez-la dans un flacon stérilisé, propre et fermant avec un bouchon qui se visse. Ajoutez alors les autres ingrédients : jus de citron, vodka, huile essentielle d'orange douce, glycérine végétale. Fermez le flacon et secouez énergiquement pour bien mélanger les composants. Conservez ce baume au frais, dans le réfrigérateur. Appliquez-le chaque jour sur les mains afin de les soigner et les adoucir.

L'alchémille est une plante amie des femmes : elle aide à lutter tant contre les règles douloureuses ou trop abondantes que contre les syndromes prémenstruels ou encore les affections vaginales comme les pertes blanches. Mais elle est aussi antidiarrhéique, antioxydante, astringente, calmante et cicatrisante. Dans le cadre spécifique de cette préparation, le mélange de fleurs et de feuilles fraîches d'alchémille peut être remplacé par 5 g d'un mélange de fleurs et de feuilles d'alchémille séchées. De même, la mélisse fraîche peut être remplacée par 5 g de feuilles de mélisse séchées.

Mains sèches (2)

- 10 g de feuilles de guimauve (fraîches ou séchées)
- 10 g de cire d'abeille
- 10 g de beurre de cacao
- 50 g d'huile végétale d'amande douce
- 4 gouttes d'extrait de pépins de pamplemousse
- 10 gouttes d'huile essentielle d'orange douce
- 10 gouttes d'huile essentielle de citron

Onguent pour mains sèches.

Les mauvaises conditions météorologiques, les travaux de jardinage ou de bricolage, l'entretien quotidien de la maison, la vaisselle… : les mains sont fortement exposées et méritent d'être bichonnées. Voici un onguent qui va protéger, apaiser et réhydrater les mains sèches pour les rendre délicieusement soyeuses. Mettez les feuilles de guimauve dans une casserole et ajoutez 20 cl d'eau minérale (jamais d'eau du robinet non filtrée !). Portez à ébullition, laissez frémir pendant une dizaine de minutes, puis filtrez et prélevez 4 cl de ce mélange pour le reverser dans la même casserole. D'autre part, au bain-marie, faites fondre la cire d'abeille et le beurre de cacao dans l'huile végétale d'amande douce. Réchauffez la préparation à la guimauve. Quand elle est presque à ébullition, versez-la peu à peu dans le mélange à base de cire d'abeille (attention : le liquide doit être chaud pour éviter que les huiles se figent). En même temps, mélangez au batteur électrique de façon à obtenir une émulsion. Enfin, ajoutez l'extrait de pépins de pamplemousse et les huiles essentielles (orange douce, citron). Transvasez cette préparation dans un récipient propre, stérilisé et fermant hermétiquement, à conserver au frais, dans le réfrigérateur. Utilisez cet extraordinaire onguent en fonction des besoins, sur la peau sèche de vos mains.

Guimauve.

Connue depuis la plus lointaine Antiquité et utilisée par les Grecs et les Romains, la guimauve est cultivée aussi bien comme plante ornementale ou potagère que comme plante médicinale. Riche en mucilages, celle que l'on connaît aussi sous le nom de guimauve officinale ou de mauve blanche présente des

propriétés adoucissantes, béchiques, émollientes, apéritives et laxatives. Elle est régulièrement utilisée dans la préparation de pommades calmantes.

Mal de dent

Il n'y a rien de plus lancinant, énervant, exaspérant qu'un mal de dent qui, bien souvent, est causé par une carie. En attendant le rendez-vous chez le dentiste, vous pouvez soulager la douleur (sans pour autant guérir la cause du mal de dent) en utilisant une compresse d'huile essentielle de girofle et d'huile végétale d'amande douce. Voici comment procéder...

- 10 gouttes d'huile essentielle de girofle
- 1 c. à c. d'huile végétale d'amande douce (ou la même quantité d'huile d'olive)

Dans un petit récipient, mélangez 10 gouttes d'huile essentielle de girofle et 1 cuillerée à café d'huile d'amande douce. Versez ensuite ce mélange sur un tissu propre (un mouchoir est idéal) replié sur lui-même en 3 ou 4 épaisseurs. Appliquez alors cette compresse sur la joue, à hauteur de la zone douloureuse et maintenez-la en place pendant 15 à 30 minutes. Répétez l'opération aussi souvent que nécessaire.

Ingrédients pour compresse contre le mal de dent.

Mal de dos (1)

On l'appelle mal du siècle car, selon certaines études récentes, ce ne sont pas moins de 80 % des Français qui souffrent ou souffriront de mal de dos au cours de leur vie. Le mal de dos recouvre de nombreuses réalités – lumbagos, lombalgies, sciatiques, hernies... – qui ont toutes une chose en commun : la douleur se situe au niveau de la colonne vertébrale. On peut classer les maux de dos en trois groupes : lorsqu'il s'agit d'une douleur dans le haut du dos, au niveau des vertèbres cervicales, on parle de cervicalgie. Lorsque cette douleur se situe dans le bas du dos, au niveau des vertèbres lombaires, on parle de lombalgie. Enfin, lorsque la douleur se situe au milieu du dos, au niveau des vertèbres dorsales, on parle de dorsalgie.

Reine-des-prés.

- 20 g de fleurs de reine-des-prés
- 30 g de feuilles d'ortie

Pour soulager un mal de dos, versez 20 g de fleurs de reine-des-prés et 30 g de feuilles d'ortie dans 1 litre d'eau qui vient tout juste de bouillir. Laissez infuser pendant un quart d'heure, puis filtrez. Réchauffez la préparation, sans la faire bouillir. Buvez régulièrement cette tisane, éventuellement sucrée avec du miel. Elle a de réels pouvoirs reminéralisants. Et ça aide !

Mal de dos (2)

- 80 g de prêle fraîche

Préparez une décoction avec 80 g de prêle fraîche pour 1 litre d'eau froide. Faites chauffer et laissez bouillir pendant 30 minutes environ. Ensuite, filtrez la préparation et buvez-en une tasse avant chaque repas, jusqu'à amélioration.

Mal des transports

Le mal des transports est provoqué par une réponse inadaptée du cerveau, liée à une opposition entre les informations fournies par les yeux et celles données par le vestibule (qui est l'organe de l'équilibre situé dans l'oreille interne). Explication... Les yeux perçoivent un mouvement (par exemple, les virages dans lesquels la voiture s'engage) alors que le vestibule enregistre une impression contraire à celle communiquée par la vue (par exemple, en voiture, il estime que le corps ne bouge pas). Conséquence : le vestibule ne peut pas donner au cerveau des informations exactes sur la position du corps. Cela empêche l'organisme de s'adapter au mouvement, comme il le fait d'habitude lors d'un déplacement. Bien qu'il soit sans gravité, le mal des transports (y compris le mal de l'air en avion et le mal de mer en bateau) donne lieu à différentes manifestations, dont l'intensité varie d'une personne à l'autre : inconfort dans la partie haute du ventre, nausées, dégoût des aliments (surtout chez le jeune enfant)... On évoque aussi l'hypersalivation, la pâleur, des sueurs froides, des maux de tête, de la fatigue, des vertiges, des vomissements ou une accélération de la transpiration. Pas vraiment grave, mais assez désagréable pour la personne qui en souffre.

- 100 g de gingembre frais
- 20 feuilles de menthe fraîches
- Le jus de 1 citron

Si vous avez un déplacement en voiture, car, bateau ou avion prévu, préparez la veille une boisson qui vous fera du bien. Râpez le morceau de gingembre et mettez-le dans 1 litre d'eau froide. Ajoutez les feuilles de menthe et laissez macérer toute la nuit. Juste avant de prendre la voiture, le car, l'avion ou le bateau, ajoutez le jus de citron et filtrez la préparation. Mélangez bien. Emportez cette boisson (par ailleurs très agréable au goût) avec vous pour vous hydrater et chasser la nausée pendant votre voyage.

Boisson contre le mal des transports.

Maux d'oreille

- Argile illite verte

Pour soulager des maux d'oreille, appliquez aussi vite que possible un cataplasme froid d'argile illite verte sur la zone à traiter. Maintenez-le en place jusqu'à ce qu'il commence à chauffer et renouvelez l'opération tout au long de la journée, jusqu'à amélioration.

Migraine (1)

La migraine (qui ne doit pas être confondue avec le mal de tête) est une maladie assez fréquente, sans gravité, qui se caractérise surtout par une douleur modérée à sévère, sous forme de palpitations ou de pulsations. Elle peut toucher l'un ou les deux côtés de la tête. Les causes de la migraine restent inconnues, mais on sait cependant que certains facteurs extérieurs (dont le stress, la faim, le changement de temps...) peuvent l'aggraver.

- 1 c. à c. de camomille
- 1 c. à s. de miel
- Le jus de 1 citron

Tisane camomille, miel, citron.

Pour lutter contre la migraine sans utiliser les médications souvent vendues librement dans les commerces généralistes et les pharmacies, et qui sont loin d'être dénuées d'effets secondaires indésirables, privilégiez la tisane de camomille enrichie de jus de citron et de miel. Comptez 1 cuillerée à café de camomille pour une grande tasse d'eau bouillante. Faites infuser pendant une dizaine de minutes, puis filtrez la préparation, enrichissez-la du jus du citron et ajoutez 1 cuillerée à soupe de miel. Buvez 2 à 3 tasses chaque jour, jusqu'à amélioration.

Migraine (2)

- 1 c. à s. de livèche

Dans le même contexte, la tisane de livèche est aussi intéressante. Préparez une infusion de la manière classique en comptant 1 cuillerée à soupe de livèche pour 25 cl d'eau bouillante. Faites infuser pendant une dizaine de minutes. Filtrez, puis buvez 1 à 3 tasses quotidiennement, jusqu'à amélioration.

Originaire de Perse (actuellement l'Iran), la livèche est une plante précieuse en phytothérapie. Utile contre les affections de la vessie et des reins, contre la rétention d'eau, les aphtes, la toux ou les rhumatismes, elle peut aussi aider à lutter contre la migraine quand elle est préparée en infusion.

Migraine (3)

On parle de migraine lorsque les éléments suivants sont réunis à plusieurs occasions (au moins 5 à 6 fois) : la durée de la crise oscille entre 4 et 2 heures, la localisation est unilatérale (c'est-à-dire situé d'un côté de la tête), la douleur est dite « pulsatile » (c'est-à-dire que cela « tape » dans la tête), certaines tâches quotidiennes aussi simples que monter un escalier peuvent être affectées, certains symptômes associés apparaissent, tels que nausées, vomissements, sensibilité au bruit et/ou à la lumière...

- Huile essentielle de lavande

En cas de migraine, appliquez sur la zone douloureuse une compresse froide imbibée de quelques gouttes d'huile essentielle de lavande.

Névralgies

Les névralgies sont ce que les spécialistes appellent une neuropathie périphérique, en ce sens qu'elles atteignent un nerf périphérique. Elles peuvent toucher différents nerfs pendant des périodes de temps variables - allant de plusieurs jours jusqu'à plusieurs semaines, voire parfois des années dans les cas les plus sérieux qui restent cependant assez rares. Elles peuvent se manifester de manière permanente ou survenir brutalement, soit de manière spontanée, soit en raison d'un mouvement ou d'un appui prolongé sur la zone. Les névralgies sont surtout provoquées par la compression d'un nerf, certaines infections virales, un choc violent, le blocage d'une vertèbre cervicale, des lésions à la base du crâne, un rhumatisme, une maladie de la moelle épinière ou une pathologie neurologique, sans oublier une atteinte à un nerf situé dans la partie profonde de la dent (en cas de névralgie dentaire) : les causes diffèrent en fonction de la localisation des névralgies.

Millepertuis.

- 15 gouttes d'huile végétale de millepertuis

Pour apaiser la douleur, versez une quinzaine de gouttes d'huile végétale de millepertuis (pas plus de 20 gouttes, maximum, en tout cas) sur un mouchoir propre, plié en 3 ou 4 sur lui-même. Posez la compresse sur l'ensemble de la zone douloureuse. Maintenez-la chaude en la couvrant d'un tissu ou d'une étoffe de laine (voire d'une bouillotte d'eau chaude pas trop remplie). Maintenez en place pendant environ 1 heure (et même toute une nuit si besoin). Vous pouvez répéter ce petit traitement aussi souvent que nécessaire.

L'huile végétale de millepertuis, disponible en herboristerie et dans les meilleurs magasins bio, est réputée pour ses propriétés antidouleurs, anti-inflammatoires, antalgiques et décongestionnantes. Elle a le pouvoir de limiter les inflammations des nerfs en raison de sa teneur naturelle en terpènes sesquiterpéniques, en hypéricine et en hyperforine.

Euphraise.

Orgelet

Très courant et sans gravité, un orgelet est une petite infection bactérienne située sur le bord d'une paupière et centrée sur la zone d'implantation d'un cil. En clair, il ne s'agit ni plus, ni moins d'un furoncle qui s'est développé à partir de la racine d'un cil du bord de la paupière. L'orgelet se développe en seulement quelques jours lorsque des bactéries – le plus souvent des staphylocoques – infectent la base d'un cil. L'infection provoque une petite tuméfaction autour de la racine du cil, sur le bord de la paupière. Elle est de la taille d'un grain d'orge, d'où le nom d'orgelet.

- 1 c. à s. d'euphraise

Pour traiter un orgelet, préparez tout d'abord une petite infusion en comptant 1 cuillerée à soupe d'euphraise pour une tasse d'eau. Faites infuser pendant une dizaine de minutes, puis filtrez. Laissez tiédir la préparation, puis imbibez-en un morceau d'ouate dont la taille permet de couvrir entièrement l'œil. Posez ce morceau d'ouate imbibé (mais pas trempé !) sur le globe oculaire, en appuyant légèrement pour qu'il soit parfaitement en contact avec la peau. Maintenez en place pendant une dizaine de minutes, puis répétez l'opération à 3 ou 4 reprises consécutives. Effectuez cette opération complète 1 à 2 fois par jour, selon les besoins, jusqu'à amélioration.

Parfois surnommée casse-lunettes ou herbe à ophtalmie (c'est prédestiné !), l'euphraise est une petite plante herbacée aux feuilles dentelées, qui fleurit entre les mois de mai et d'octobre. Clin d'œil (!) supplémentaire : ses petites fleurs blanches arborent une tache jaune dont la forme n'est pas sans rappeler... un œil. L'euphraise est notamment réputée pour ses nombreux bienfaits pour les yeux. Elle est donc souvent recommandée dans le cadre de traitements naturels des maladies ophtalmiques. Cela dit, dans le cadre du traitement de l'orgelet, quelques autres plantes peuvent aussi convenir. Notamment la camomille, le souci ou le bleuet, sur base de la même préparation que celle à base d'euphraise.

Otite

L'otite est une inflammation plus ou moins profonde de l'oreille. Dans certains cas survient un écoulement qui peut être léger ou abondant. Le plus gros problème de l'otite est qu'il s'agit d'une affection douloureuse. Cette douleur peut cependant être fortement atténuée grâce à des cataplasmes à base d'oignons.

- 2 à 3 oignons

Pelez et hachez 2 ou 3 oignons (en fonction de leur gabarit) et faites-les revenir à la poêle dans un petit peu d'huile, jusqu'à ce qu'ils soient chauds et mous. Confectionnez ensuite un cataplasme (sa taille doit être légèrement supérieure à celle de la zone à traiter). Pour cela, mettez les oignons au centre de papier ménage et emballez-les complètement en repliant dessus des rebords encore libres du papier ménage. Emballez ensuite le tout dans un tissu fin et propre. Appliquez alors ce cataplasme sur l'oreille atteinte (attention : le cataplasme ne doit pas être trop chaud) et maintenez-le en place tant qu'il est chaud et agréable. Répétez l'opération aussi souvent que nécessaire, jusqu'à amélioration.

Commençant comme une recette de cuisine, ce traitement naturel peut surprendre. Mais il étonne aussi par son efficacité : grâce à leurs principes volatils, les oignons stimulent la circulation et facilitent les échanges dans l'oreille.

Oignons.

Peau irritée

- 25 g de fleurs de souci séchées
- 15 cl d'huile de tournesol
- 25 g de cire d'abeille

Mettez les fleurs séchées de souci dans un bocal en verre muni d'une large ouverture. Versez-y l'huile de tournesol (les fleurs doivent être parfaitement recouvertes) et laissez macérer, bocal fermé, sur un rebord de fenêtre pendant environ 3 semaines, en secouant le bocal chaque jour. Versez alors la préparation huileuse obtenue dans un récipient en la filtrant au travers d'un tissu. Pressez les fleurs pour en extraire les dernières gouttes d'huile. Préparez ensuite le baume. Faites fondre au bain-marie la cire d'abeille préalablement râpée dans l'huile précédente, en remuant à la cuillère. Vérifiez que la préparation arrive à bonne consistance. Pour cela, faites tomber une toute petite quantité sur une assiette et glissez-la pendant 1 minute dans le congélateur pour qu'elle refroidisse. Si vous désirez un baume plus solide, réchauffez le tout et ajoutez un petit peu de cire d'abeille. Mais si le baume est trop solide à votre goût, réchauffez-le en ajoutant un tout petit peu d'huile de tournesol. Quand le baume a la consistance désirée, transvasez-le dans un bocal propre à large ouverture et fermant hermétiquement. Laissez refroidir et figer le baume avant de fermer le bocal qui doit être conservé à l'abri de la chaleur et de la lumière. Ce baume multi-usage convient en cas de démangeaisons, d'éruptions cutanées, d'irritations de la peau... Dans tous les cas, il se montre apaisant et efficace.

Peau sèche (1)

- 2 c. à c. de cire d'abeille
- 5 cl d'huile végétale d'amande douce
- 1 c. à c. de miel liquide
- 5 à 6 gouttes d'extrait de pépins de pamplemousse

Si vous avez la peau sèche, voici une crème 100 % naturelle qui vous fera le plus grand bien. Elle est nourrissante et hydratante. En plus, sa préparation est très simple. Dans un bain-marie, mélangez en les faisant fondre la cire d'abeille et l'huile d'amande douce, jusqu'à l'obtention d'une préparation bien homogène. Incorporez ensuite le miel liquide et l'extrait de pépins de pamplemousse. Mélangez bien, puis transvasez cette préparation dans un flacon propre fermant hermétiquement. Vous pouvez l'utiliser chaque jour, matin et soir, en fonction de vos besoins.

Important : cette crème bienfaisante est aussi excellente pour les enfants qui peuvent l'utiliser sans le moindre problème.

Crème pour peau sèche.

Peau sèche (2)

- 1 poignée de fleurs de lavande
- 4 c. à s. d'huile d'olive
- 3 c. à s. d'huile de coco
- 25 g de cire d'abeille
- 4 c. à s. d'huile végétale d'amande douce
- Huile de germe de blé

Il existe un autre traitement efficace qui fait la part belle à la lavande. Mettez une poignée de fleurs de lavande dans un plat en verre ou en porcelaine et mouillez avec 50 cl d'eau bouillante. Laissez infuser pendant 1 heure, puis filtrez. Dans un autre bol, versez 4 cuillerées à soupe d'huile d'olive, 3 cuillerées à soupe d'huile de coco et 25 g de cire d'abeille. Faites fondre au bain-marie sans cesser de remuer. Ajoutez alors 4 cuillerées à soupe d'huile végétale d'amande douce et fouettez la préparation pour bien incorporer cette huile. Versez enfin un filet d'huile de germe de blé et retirez le bol du bain-marie. Ajoutez-y 4 cuillerées à soupe de l'infusion de lavande. Fouettez jusqu'à refroidissement et l'obtention d'une consistance similaire à celle d'une mayonnaise épaisse. Transvasez cette crème dans un pot propre à large ouverture et fermant hermétiquement. Conservez-la au frais, mais pas dans le réfrigérateur (elle deviendrait trop ferme et donc difficile à utiliser). Utilisez-la régulièrement pour hydrater, nourrir et adoucir votre peau si elle est sèche.

Peau sèche (3)

- 5 cl d'eau de rose
- 1/8 de c. à c. de borax en poudre
- 10 g de graines de nigelle écrasées
- 1 c. à s. de cire d'abeille
- 5 cl d'huile végétale d'amande douce
- 5 cl d'huile végétale de pépins de raisin
- 1 goutte d'extrait de pépins de pamplemousse
- 1 capsule de vitamine E (disponible en pharmacie et parapharmacie)

Versez l'eau de rose dans une casserole et faites chauffer. Ajoutez-y le borax. Quand la préparation arrive à ébullition, éteignez le feu et ajoutez les graines de nigelle. Laissez infuser pendant minimum 30 minutes et maximum 1 heure, jusqu'à ce que la préparation ait refroidi. D'autre part, au bain-marie, faites fondre la cire d'abeille préalablement râpée dans les deux huiles végétales (amande douce et pépins de raisin). Filtrez le liquide à base d'eau de rose et réchauffez-le pour qu'il soit à peu près à la même température que la préparation contenant la cire d'abeille. Versez le mélange à base d'huiles végétales et de cire d'abeille dans un bol, puis incorporez peu à peu la préparation à base d'eau de rose. Mélangez le tout au batteur électrique jusqu'à l'obtention d'un baume épais et lisse. Ajoutez la goutte d'extrait de pépins de pamplemousse. Percez la capsule de vitamine E et videz-la dans la préparation. Transvasez le tout dans un bocal propre fermant hermétiquement avec un bouchon qui se visse. Ce baume est à utiliser en fonction des besoins pour masser les zones du corps où la peau est fort sèche. Il fait notamment des merveilles sur le décolleté qui a souvent besoin d'être choyé. Ce baume est celui qu'il lui faut !

Baume pour peau sèche.

Peau sensible

- 1 c. à s. de fleurs de camomille séchées
- 15 cl d'eau minérale
- 10 cl d'huile d'olive
- 1 c. à s. de miel liquide
- 10 g de cire d'abeille
- 2 c. à s. de glycérine végétale
- 2 gouttes d'huile essentielle de calendula
- 2 gouttes d'huile essentielle de camomille

Crème calendula-camomille pour peau sensible.

Mettez les fleurs de camomille séchées dans une casserole, ajoutez l'eau minérale et portez à ébullition. Couvrez le récipient, laissez frémir pendant 5 minutes pour préparer une décoction. Laissez ensuite refroidir et filtrez la préparation. Jetez les fleurs de camomille. Mettez l'huile d'olive, le miel liquide et la cire d'abeille dans un bain-marie, ajoutez peu à peu la glycérine végétale et faites fondre doucement le tout sans cesser de remuer. Retirez ensuite le récipient du feu et incorporez la décoction de camomille, au fouet. Ajoutez enfin les huiles essentielles (calendula, camomille) et mélangez. Transvasez finalement cette crème dans un bocal préalablement stérilisé, propre et fermant hermétiquement. Laissez refroidir le produit avant de fermer le bocal. Utilisez cette crème pleine d'onctuosité pour nourrir vos mains sensibles. Elle s'applique de la même manière qu'une crème de soin classique, les bienfaits des huiles essentielles, du miel, de la cire d'abeille, des fleurs de camomille et de l'huile d'olive en plus.

Psoriasis

- Argile illite
- Huile d'olive
- Huile essentielle de camomille
- Huile essentielle de géranium
- Huile essentielle de cajeput

Souvent chronique, le psoriasis est une dermatose qui est généralement caractérisée par l'apparition de plaques rougeâtres couvertes de squames blanches. Problème : la médecine occidentale moderne manque très souvent d'efficacité face à ce problème. Par contre, un cataplasme composé d'un mélange d'argile illite, de quelques gouttes d'huile d'olive et de 2 à 3 gouttes de chacune des huiles essentielles (camomille, géranium, cajeput) se montre efficace, une fois appliqué sur la zone à traiter, en renouvelant le traitement jusqu'à amélioration.

Un peu moins connue que les autres, l'huile essentielle de cajeput est réputée pour ses propriétés antiseptiques.

Rétention d'urine

La rétention urinaire se définit par une incapacité à vider totalement ou partiellement la vessie. Les principaux symptômes de rétention urinaire peuvent être une difficulté à commencer à uriner, une difficulté à vider tout à fait la vessie, un jeu urinaire faible, un écoulement de petites quantités d'urine en cours de journée, une incapacité de sentir quand la vessie est pleine, un manque d'envie d'uriner, une augmentation de la pression abdominale, le besoin de se lever plus de deux fois par nuit pour uriner... Des inflammations des voies urinaires peuvent être à l'origine du problème. Autre origine possible : des spasmes. Dans ce cas, des compresses de chou frisé peuvent s'avérer utiles.

Chou vert frisé.

- 1 chou vert frisé

Prenez des belles feuilles de chou frisé et éliminez les grosses nervures : le but est d'avoir des feuilles bien planes. Attendrissez et assouplissez les feuilles avec un rouleau à pâtisserie. Recouvrez votre bas-ventre avec 2 ou 3 couches de chou. Important : elles doivent bien adhérer les unes aux autres, mais aussi bien adhérer à la peau. Couvrez avec un tissu propre de protection, puis avec une couverture pour maintenir la chaleur. Laissez en place durant 1 à 2 heures, sauf si le cataplasme devient trop chaud. Si la chaleur devient insupportable, c'est que le cataplasme est saturé de « déchets » : il faut alors le remplacer. Répétez l'opération 2 à 3 fois par jour, jusqu'à amélioration.

Rhumatismes (1)

Sous le seul mot « rhumatisme » sont regroupées toute une série d'atteintes articulaires (arthrose, arthrite, ostéoporose ou maladies auto-immunes comme la polyarthrite rhumatoïde) qui font partie des premières causes d'incapacité et de handi-

cap. Il est difficile de véritablement soigner des rhumatismes, mais il est cependant possible de veiller à renforcer naturellement les articulations, ce qui constitue une excellente mesure préventive.

- 2 branches de céleri, avec les feuilles
- 1 orange bio

Pour cela, une tisane à base de céleri peut s'avérer très utile. Lavez les branches de céleri et éliminez les feuilles abîmées. Lavez aussi l'orange et zestez-la (l'orange doit impérativement être de qualité biologique puisque vous utilisez son zeste). Pressez le fruit pour en recueillir tout le jus. Mettez 1 litre d'eau à bouillir. Dès qu'elle bout, ajoutez-y les branches de céleri coupées en tronçons et le zeste de l'orange préalablement découpé grossièrement en lanières. Faites infuser sur un feu doux pendant une petite dizaine de minutes. Laissez ensuite reposer la préparation pendant le même temps (soit environ 10 minutes), puis filtrez-la et ajoutez-y le jus de l'orange. Buvez 2 à 3 tasses chaque jour, jusqu'à amélioration.

Céleri.

Rhumatismes (2)

- 1 c. à s. de feuilles et fruits séchés de cassis
- 1 orange bio

Autre possibilité efficace : la tisane de cassis et d'orange, très haute en saveurs fruitées. Préparez une infusion en comptant 1 cuillerée à soupe d'un mélange de feuilles et de fruits séchés de cassis pour une grande tasse d'eau bouillante et le zeste d'une orange bio. Faites infuser pendant 10 minutes, puis filtrez la préparation, ajoutez le jus de l'orange et buvez 3 tasses par jour, jusqu'à amélioration.

Rhume des foins

Le nombre de personnes souffrant d'allergies ne cesse d'augmenter. En cause, notamment, la pollution généralisée (pollution agricole, urbaine, industrielle, nucléaire...) et la pléthore de substances toxico-chimiques présentes en masse dans les produits d'entretien ménager, les cosmétiques, l'alimentation...

Tisane d'ortie.

- 2 c. à s. d'ortie (fraîches ou séchées)

Le rhume des foins peut être naturellement combattu grâce à une tisane d'ortie. Pour la préparer, faites infuser 2 cuillerées à soupe d'ortie fraîche ou séchée dans 1 litre d'eau bouillante. Laissez infuser pendant une dizaine de minutes, puis filtrez la préparation. Chaque jour, buvez 2 tasses de cette tisane, jusqu'à amélioration.

Dans le même objectif et sur le même principe, vous pouvez enrichir votre tisane de jus de citron. Voici comment faire : faites infuser 1 cuillerée à soupe d'ortie séchée dans une grande tasse d'eau bouillante pendant une dizaine de minutes. Filtrez ensuite la préparation, puis agrémentez-la du jus d'un citron. Buvez 2 à 3 tasses d'infusion chaque jour, jusqu'à amélioration.

Ces deux remèdes naturels sont d'autant plus précieux que l'on estime actuellement que l'allergie au pollen touche 30 à 35 % des adultes français et à peu près 20 % des enfants de l'Hexagone. Des chiffres qui sont trois fois plus élevés qu'au début des années 2000 ! Les facteurs allergisants étant chaque jour plus nombreux et virulents dans un pays qui ne prête aucune attention à ce problème de santé publique et ne prend aucune mesure concrète pour y remédier.

Sautes d'humeur

- 1 c. à s. de pétales de passiflore séchés
- 1 pincée de pistils de safran

Vous avez des sautes d'humeur qui empoisonnent votre vie et celle de votre entourage ? Arrêtez de rejeter la faute sur « les autres » et de les accuser de tous les maux, mais soignez-vous, de préférence de manière douce et naturelle. Mélangez 1 cuillerée à soupe de pétales de passiflore avec une pincée de pistils de safran. Couvrez d'eau bouillante, laissez infuser pendant une dizaine de minutes, puis filtrez et buvez 2 à 3 tasses de cette infusion chaque jour, jusqu'à amélioration.

Aussi appelée fleur de la passion, la passiflore est une plante aux nombreuses vertus, dont la plus connue est sa ca-

Infusion de passiflore.

pacité à lutter contre l'anxiété. Cette plante vivace ressemble à une liane et possède des fleurs magnifiques et complexes. Elle pousse dans les régions tropicales et chaudes de la planète, notamment en Amérique du Sud. En phytothérapie, ce sont les parties aériennes de la passiflore qui sont utilisées : feuilles et fleurs. Le fruit de la plante est aussi comestible et contient des vitamines et des minéraux, mais il ne possède pas d'effet thérapeutique aussi puissant que ceux de la fleur et de la feuille. Sur base de nombreuses études cliniques récentes, on peut affirmer que la passiflore est efficace contre l'anxiété, la dépression, la tension nerveuse, l'irritabilité et... les sautes d'humeur. Elle aide notamment à retrouver un juste équilibre émotionnel, apaise et apporte un véritable mieux-être.

Sciatique

La sciatique est une douleur du membre inférieur située sur le trajet du nerf sciatique. Elle est souvent associée à des lombalgies. Sa cause principale est la hernie discale, mais l'arthrose lombaire, un traumatisme... peuvent aussi en être à l'origine. La douleur causée par la sciatique est provoquée soit par la compression du nerf sciatique entre deux vertèbres, soit par une inflammation du nerf causée par des toxines.

- 25 gouttes d'huile végétale de millepertuis

Pour atténuer la douleur, préparez des compresses à base d'huile végétale de millepertuis. Versez 25 gouttes d'huile de millepertuis sur un fin tissu propre dont la taille permet de couvrir toute la zone à traiter. Maintenez au chaud au moyen d'une couverture et/ou d'une bouillotte d'eau chaude (mais pas brûlante). Maintenez en place pendant au moins 1 heure et répétez l'opération aussi souvent que nécessaire, jusqu'à amélioration.

Autre possibilité : un cataplasme de glaçons à poser exclusivement sur la partie douloureuse. La surface totale du cataplasme doit donc être restreinte, tout comme le nombre de glaçons. Pour réaliser ce surprenant cataplasme, mettez un ou quelques glaçons dans un sachet en plastique que vous entourez d'un tissu propre de protection, en une seule épaisseur. Posez ensuite le cataplasme juste sur le point le plus douloureux et maintenez en place très peu de temps, pas plus de 2 minutes. Répétez l'opération en fonction des besoins, jusqu'à amélioration.

Infusion de coquelicot.

Sommeil agité (1)

- 2 c. à s. de fleurs de coquelicot

Pour retrouver un sommeil réparateur, faites confiance à l'une des plus belles petites fleurs sauvages de nos campagnes : le coquelicot. Faites infuser 2 cuillerées à soupe de fleurs de coquelicot dans un bol d'eau très chaude (mais non bouillante) pendant une dizaine de minutes. Buvez cette infusion juste avant d'aller dormir. Répétez cette opération chaque jour, jusqu'à amélioration.

Sommeil agité (2)

- 1 pomme bio
- 1 c. à c. de miel

Autre option : coupez une pomme bio en rondelles. Mettez-la dans un bol et ajoutez 50 cl d'eau bouillante. Faites mijoter sur un feu doux pendant environ 1 heure, sans faire bouillir. Ensuite, transvasez cette préparation dans des tasses, en la passant au travers d'une passoire. Sucrez avec une petite cuillerée à café de miel (le miel d'oranger est parfait). Buvez. Répétez cette opération chaque jour, jusqu'à amélioration.

Important : cette décoction est valable pour l'ensemble de la famille, enfants compris.

Stress (1)

Difficile d'échapper au stress ! Selon les données les plus récentes, ce sont 9 Français sur 10 qui disent en souffrir au quotidien à des degrés divers. 50 % des Français disent même se sentir « particulièrement stressés ». Fidèles reflets de la mauvaise qualité de vie dans l'Hexagone, ces chiffres sont d'autant plus inquiétants qu'ils touchent tous les types de profils, des plus jeunes jusqu'aux personnes âgées, les femmes et les hommes... Bref, personne n'y échappe !

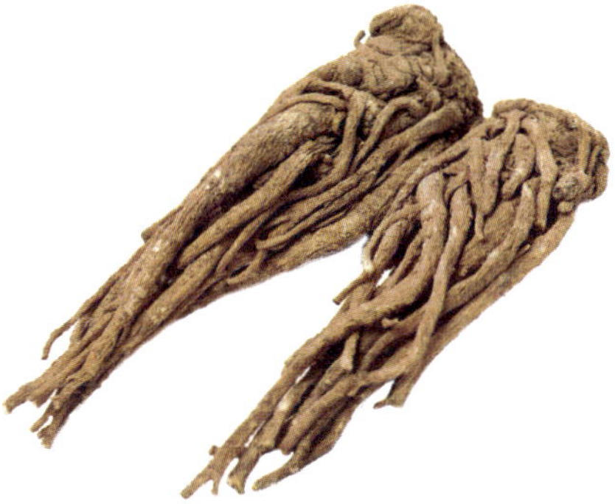

Racines d'angélique.

- 1 c. à s. de racine d'angélique

Une tisane à base de racine d'angélique permet d'atténuer le stress et de favoriser une meilleure relaxation, ce qui est tout bénéfice. Pour la préparer, comptez 1 cuillerée à soupe de racine d'angélique par grande tasse d'eau. Faites bouillir pendant 2 minutes, puis faites infuser pendant une petite dizaine de minutes. Filtrez et buvez 1 à 2 tasses chaque jour, jusqu'à amélioration.

Stress (2)

- 15 g de feuilles de laurier

Toujours avec le même objectif, vous pouvez privilégier le laurier. Préparez une tisane de la manière classique en comptant 10 à 15 g de feuilles de laurier pour 1 litre d'eau. Filtrez et buvez 2 à 3 tasses par jour, idéalement après les repas principaux (petit déjeuner, déjeuner, dîner).

Tennis-elbow

Touchant environ 2 % de la population, avec une prédominance pour les 30-50 ans, le tennis-elbow est une affection qui touche la partie externe du coude (alors que le golf-elbow touche plutôt l'intérieur du coude). Cette zone devient sensible et douloureuse. Causé par une sollicitation excessive des muscles de l'avant-bras due à un travail ou aux sports de

Farine de lin.

raquette classiques, le tennis-elbow peut provoquer un affaiblissement de la force de préhension. L'apparition des symptômes est habituellement progressive. Si la plupart des médecins classiques préconisent un traitement à base d'analgésiques chimiques qui ne sont pas sans conséquences sur la santé de la personne concernée, il est souvent plus prudent d'avoir recours à des cataplasmes de farine de lin.

- 300 g de farine de lin

Faites cuire 300 g de farine de lin (disponible dans les herboristeries et les meilleurs magasins bio) dans deux fois son volume d'eau, jusqu'à l'obtention d'une préparation pâteuse homogène. Étalez-la au centre d'un papier ménager en une couche épaisse d'environ 1 cm. Le cataplasme doit être assez grand pour recouvrir l'entièreté du coude. Enfermez complètement la farine de lin en repliant les bords du papier ménager et entourez ce montage d'un fin tissu propre. Appliquez alors autour du coude et maintenez en place au moyen d'une bande élastique et d'agrafes médicales. Maintenez en place tant que le cataplasme est chaud et répétez l'opération à volonté, jusqu'à amélioration.

Thyroïde

- Argile verte

Même si vous faites face à un dérèglement thyroïdien, vous n'avez peut-être pas envie de vous lancer dans un traitement médicamenteux aussi long qu'astreignant. Dans ce cas, vous pouvez utilement penser à un cataplasme froid d'argile verte à appliquer sur la gorge le soir, en allant dormir. Maintenez-le en place toute la nuit et profitez pleinement des propriétés régulatrices de l'argile sur les fonctions de l'organisme qui sont perturbées. Dans le cas spécifique de la thyroïde, l'argile peut agir dans les deux sens, en fonction de vos besoins précis : elle va se montrer tonique en cas d'hypothyroïdie ou calmante en cas d'hyperfonctionnement de la glande.

Torticolis

- 1 poignée de feuilles de benoite commune
- 1 c. à c. de miel

Un massage à l'aide d'un onguent confectionné à base de benoite commune et de miel est souverain pour apaiser les douleurs causées par un torticolis. Voici comment procéder... Dans un premier temps, broyez finement une poignée de feuilles de benoite commune pour en extraire un maximum de suc. Mélangez celui-ci avec le miel et massez ensuite la zone douloureuse avec cet onguent, en le laissant agir pendant au moins 10 minutes. Rincez ensuite à l'eau claire et séchez. Répétez cette opération deux fois par jour, jusqu'à amélioration.

Benoite commune.

Fleurissant au printemps et en été, la benoite commune est une plante vivace de la famille des Rosacées. Elle affectionne tout particulièrement les zones ombragées ainsi que les sols riches et humides. Originaire d'Europe et longtemps utilisée dans les monastères, celle que l'on connaît aussi sous le nom d'herbe de Saint-Benoît est réputée pour ses propriétés astringentes, toniques, antiseptiques et fébrifuges.

Toux (1)

- 30 g de marrube séché

Mettez 30 g de marrube séché dans 1 litre d'eau froide. Faites macérer ainsi pendant un quart d'heure, puis faites chauffer. Dès les premiers frémissements, éteignez le feu et laissez infuser pendant une quinzaine de minutes. Filtrez et buvez 4 à 5 tasses de tisane tiède chaque jour, jusqu'à amélioration.

Le marrube blanc est connu depuis la lointaine Antiquité et apprécié dans le cadre d'un traitement naturel contre la toux. Dégageant une odeur qui rappelle celle du thym, le marrube

Tisane de plantain.

blanc est une plante herbacée de couleur grisâtre, aux feuilles duveteuses et froissées, aux fleurs blanches et à la tige carrée. En médecine naturelle, ce sont surtout ses sommités fleuries qui sont utilisées. Sans effet indésirable connu mais pouvant peut-être renforcer l'action des médicaments allopathiques contre l'hypoglycémie, le marrube blanc est bien entendu utilisé contre la toux, mais il est aussi considéré comme un antipoison naturel, il traite encore les infections respiratoires et divers troubles digestifs...

Toux (2)

- 1 poignée de plantain sec

Toujours pour contrer la toux, l'infusion de plantain peut également être recommandée. Faites chauffer 1 litre d'eau froide dans lequel vous aurez préalablement plongé une poignée de plantain sec (toutes les parties de la plante conviennent). Faites bouillir pendant 10 minutes, puis filtrez et buvez cette infusion tout au long de la journée, entre les repas. Vous pouvez éventuellement la sucrer avec un peu de miel. Qu'il soit lancéolé, grand ou petit, le plantain est une très bonne plante expectorante, apte à calmer la toux.

Verrue

Une verrue est une petite excroissance de la peau qui apparaît généralement sur les mains ou les pieds. Elle disparaît souvent d'elle-même à condition d'être patient : cela peut prendre jusqu'à deux ans.

- Argile verte montmorillonite

Pour hâter sa disparition, il est possible d'appliquer sur la zone à traiter un cataplasme froid d'argile verte montmorillonite et de le laisser en place toute la nuit. Répétez cette opération chaque soir, jusqu'à disparition de la verrue. Comme la zone à traiter est souvent très petite, vous pouvez vous simplifier la vie en utilisant de l'argile en tube, très facile d'emploi.

Vésicule biliaire

- 8 baies de genièvre
- 1 c. à s. de miel de romarin

Votre vésicule biliaire vous semble surchargée ? Pour la soulager, pensez à une infusion à base de baies de genièvre et de miel. Écrasez finement 8 baies de genièvre et préparez une infusion de la manière classique avec 1 bol d'eau et les baies de genièvre écrasées. Ajoutez ensuite la cuillerée à café de miel de romarin et buvez cette infusion encore tiède.

Baies de genièvre.

LES RECETTES BEAUTÉ

Baume nourrissant pour les pieds

- 10 g de fleurs de souci séchées
- 1 c. à s. d'huile végétale d'avocat
- 7,5 cl d'huile végétale d'amande douce
- 20 g de cire d'abeille
- 40 gouttes d'huile essentielle de menthe

Mettez les fleurs de souci dans un flacon propre et fermant hermétiquement. Ajoutez-y les deux huiles végétales (avocat, amande douce). Fermez le flacon et laissez reposer la préparation pendant une vingtaine de jours, idéalement au soleil. Ensuite, à l'issue de ce temps de repos, filtrez la préparation au travers d'une passoire. Faites fondre la cire d'abeille dans l'huile aromatisée précédente, au bain-marie. Retirez du feu, laissez quelque peu refroidir, puis incorporez l'huile essentielle de menthe. Transvasez cette préparation dans un bocal préalablement stérilisé, propre et fermant hermétiquement. Utilisez ce baume nourrissant, chaque soir, pour soigner vos pieds. Complémentairement, il permet aussi d'adoucir les talons éventuellement rugueux.

Crème antirides

- 25 g de racine de réglisse en poudre
- Lanoline
- Beurre de coco
- 10 cl d'huile d'avocat
- 4 c. à c. d'huile de germes de blé
- 4 à 5 gouttes d'huile essentielle de lavande

Utilisée régulièrement, voici une crème qui aide à réduire les ridules. Mettez 25 g de racine de réglisse en poudre dans une casserole, avec 37,5 cl d'eau. Portez le tout à ébullition, et laissez mijoter pendant environ un quart d'heure. Laissez refroidir la préparation, puis filtrez-la. Versez la lanoline et le beurre de coco dans un bol posé sur un bain-marie et faites fondre, sans cesser de remuer. Ajoutez les huiles d'avocat et de germes de blé. Ajoutez ensuite 2 cuillerées à soupe de l'eau de réglisse dans le mélange, en la versant en un fin filet et en remuant sans arrêt afin de bien l'incorporer. Laissez quelque peu refroidir, mais ne laissez pas figer la préparation. Enfin, ajoutez 4 ou 5 gouttes d'huile essentielle de lavande. Mélangez et transvasez cette préparation dans un pot fermant hermétiquement.

Crème nourrissante pour les ongles

- 50 g de tiges de prêle fraîches
- 15 cl d'huile d'olive
- 1 c. à s. de cire d'abeille
- 5 gouttes de résine de benjoin
- 10 gouttes d'huile à la vitamine E

Prêle.

Après avoir cueilli les prêles, laissez-les flétrir pendant une douzaine d'heures sur un torchon propre et sec. Mettez-les dans l'huile d'olive et faites chauffer au bain-marie pendant une demi-heure. Râpez la cire d'abeille. Filtrez l'huile précédente et éliminez les prêles. Remettez-la ensuite dans le bain-marie. Ajoutez la cire d'abeille, mélangez jusqu'à ce qu'elle soit fondue. Retirez du feu, ajoutez la résine de benjoin et l'huile à la vitamine E. Mélangez une nouvelle fois. Transvasez cette préparation dans des petits bocaux propres, secs et fermant hermétiquement. Laissez complètement refroidir avant de fermer les bocaux. Utilisez cette crème nourrissante chaque soir en allant dormir : elle vous donnera des ongles sains, solides mais souples.

La prêle fraîche, dont la cueillette n'est pas toujours facile, peut être remplacée par 25 g de prêles séchées disponibles en herboristerie et dans certains magasins bio. L'un des attraits de cette crème réside aussi dans le benjoin dont les propriétés antiseptiques et nourrissantes ne sont plus à prouver.

Crème régénérante pour peaux matures et abîmées

- 10 gouttes d'huile essentielle de patchouli
- 10 gouttes de jus de citron
- 10 gouttes d'essence de rose
- 3 c. à s. d'huile végétale d'amande douce
- 15 g de cire d'abeille

Voici une crème qui convient aussi bien aux peaux abîmées qu'aux peaux matures. Elle est régénératrice et bénéficie notamment des propriétés de l'huile essentielle de patchouli qui renforce la tonicité de la peau. Pour la préparer, versez l'huile essentielle de patchouli dans un bol, ajoutez-y le jus de citron, puis l'essence de rose. Mélangez à la cuillère, avant d'incorporer

Géranium.

l'huile d'amande douce. Mélangez une nouvelle fois et ajoutez la cire d'abeille. Faites chauffer le tout au bain-marie jusqu'à ce que la cire d'abeille soit fondue et que la préparation ait une consistance crémeuse. Laissez-la refroidir, puis transvasez-la dans un pot propre à large ouverture et fermant hermétiquement. Appliquez-la en fonction des besoins : elle régénère naturellement les peaux abîmées et matures.

Démaquillant

Plutôt qu'utiliser les crèmes démaquillantes du commerce, souvent lourdement chargées en composants chimiques, vous pouvez préparer votre crème démaquillante « maison ».

- 10 g de cire d'abeille en granules
- 7,5 cl d'huile d'olive
- 12 feuilles fraîches de géranium
- 10 gouttes d'huile essentielle de géranium

Au bain-marie, faites fondre les granules de cire d'abeille dans l'huile d'olive. Pendant ce temps, mettez les feuilles de géranium dans un bocal en verre propre, résistant à la chaleur et préalablement stérilisé. Quand la cire d'abeille est fondue, versez-la immédiatement dans ce bocal, sur les feuilles de géranium. Fermez le bocal et laissez infuser pendant environ 3 semaines. À l'issue de ce temps d'infusion, retirez le mélange du bocal et réchauffez-le à nouveau au bain-marie. Ensuite, filtrez-le soigneusement au travers d'une étamine et laissez quelque peu refroidir. Incorporez-y alors l'huile essentielle de géranium, mélangez et transvasez la crème obtenue dans un pot propre à large ouverture et fermant hermétiquement. Au moment de vous démaquiller, appliquez cette crème sur le visage, en évitant les yeux, en massant doucement. Éliminez-la avec un gant de toilette humidifié d'eau chaude. Répétez l'opération jusqu'à ce que votre peau soit parfaitement propre.

Exfoliant visage

- 1 c. à s. de farine d'avoine complète
- 1 goutte d'huile essentielle de lavande

Versez 1 généreuse cuillerée à soupe de farine d'avoine complète (avec le son et le germe) dans un bol et ajoutez assez d'eau pour obtenir une préparation pâteuse, onctueuse et pas trop liquide. Ajoutez 1 goutte d'huile essentielle de lavande et mélangez bien tous les ingrédients. Frottez le visage et le cou avec cette délicieuse crème lavante, en évitant toutefois les contours de la bouche et des yeux. Insistez plus particulièrement sur les zones réputées plus difficiles, telles que le menton et le nez. Laissez agir cette crème pendant quelques minutes, puis rincez votre visage et votre cou à l'eau froide avant de laver doucement les zones traitées pour éliminer toute trace de la crème.

Cette remarquable crème 100 % naturelle et que vous pouvez utiliser chaque semaine a notamment pour effet d'éliminer toutes les petites peaux mortes, tout en nettoyant délicatement, sans aucune agression d'aucune sorte, la peau et les pores. Elle permet en outre de retrouver un teint d'une agréable fraîcheur.

Masque contre les points noirs

- 2 c. à s. de fécule de maïs
- Vinaigre blanc

Rien de plus facile que de faire disparaître les disgracieux points noirs. Versez 2 cuillerées à soupe de fécule de maïs dans un bol et délayez-la dans un petit peu de vinaigre, de manière à obtenir une consistance pâteuse. Appliquez ensuite cette crème sur les zones du visage à traiter (ailes du nez...). Laissez agir pendant 20 à 30 minutes au moins, puis rincez à l'eau tiède et séchez.

Aussi appelés comédons, les points noirs apparaissent surtout au niveau du nez, du menton et du front. Ils peuvent être parfois tenaces et ont tendance à toujours revenir malgré un nettoyage régulier. Ce sont des imperfections qui apparaissent sur la peau. Il en existe deux grands types : les comédons ouverts (ils se présentent comme de petits points noirs mesurant entre 1 et 3 mm. Ils apparaissent avec l'acné et sont dus à un amas graisseux bouchant un pore cutané et empêchant ainsi le sébum de s'écouler normalement) et les comédons fermés (ce sont les points blancs. Ils sont causés par des pores dilatés piégeant les impuretés présentes dans l'air).

Soin de nuit

- 1/4 de verre de vinaigre
- 1/2 verre d'huile d'olive vierge extra
- Eau distillée

Voici un fabuleux soin de nuit tout à la fois efficace, économique et sain. Dans un grand bol, mélangez intimement un quart de verre de vinaigre, un demi-verre d'huile d'olive vierge extra et un quart de verre d'eau distillée. Transvasez cette préparation dans un petit flacon qui ferme hermétiquement et, chaque soir, juste avant d'aller dormir, appliquez cette préparation « maison » sur le visage.

INDEX ALPHABÉTIQUE DES RECETTES BEAUTÉ, SANTÉ ET BIEN-ÊTRE

Crédits photographiques

Shutterstock.com - 13Smile : 67 ; Africa Studio : 47 ; Alexander Raths : 28-29 ; AmyLv : 41 h ; Anna Mente : 83 ; Anna Ok : 16 ; artcasta : 55 h ; ARTFULLY PHOTOGRAPHER : 9 ; BearFotos : 15 ; Carlos Rondon : 38 ; Chamille White : 25, 26, 36, 59 h ; Chursina Viktoriia : 46 ; Denys Dolnikov : 96 ; difenbahia : 57 ; Dionisvera : 39 b, 101 ; domnitsky : 27 m ; Doris Kern : 33 ; ElenVik : 70 ; EM Arts : 87 ; emberiza : 75, 80 b ; FotoHelin : 51 ; givaga : 92 ; HandmadePictures : 49 b ; Iryna Mylinska : 62 ; iva : 91, 106 ; JIANG HONGYAN : 61, 97 ; JPC-PROD : 12-13, 17, 18, 21 ; ju_see : 58, 111 ; Katrinshine : 98 ; Kokorina Mariia : 20 ; Lana_M : 71 ; Lopatin Anton : 99 ; Luis Echeverri Urrea : 50 ; LukHt : 74 ; Lunov Mykola : 43 ; Lyudmila Mikhailovskaya : 40 ; Madeleine Steinbach : 8, 73, 100 ; mahirart : 72 b ; Manfred Ruckszio : 82 ; maramorosz : 90 ; MarcoFood : 59 b ; Marcus Z-pics : 39 h ; marilyn barbone : 45 ; MIGUEL G. SAAVEDRA : 93 ; Milena Khosroshvili : 81 ; Monic249 : 78, 104 ; Monster_Design : 72 h ; Moving Moment : 108 ; Mykhaylo_Kozelko : 24 ; Nataly Studio : 41 b ; Nattika : 53 ; New Africa : 6-7, 34-35, 102-103 ; NIKCOA : 68 b ; Nils Z : 56 b ; oksana2010 : 27 b ; Olha Kozachenko : 109 ; P-fotography : 76 ; photka : 11 ; pics five : 14 ; Picture Partners : 63 ; Pixel-Shot : 84 ; Primakov : 27 h, 60 ; profelis_aurata : 80 h ; Prostock-studio : 68 h ; pullia : 107 ; rawf8 : 31 ; Robert Biedermann : 86 ; Scisetti Alfio : 48, 79, 85, 105 ; Sergii Koval : 77 ; shansh23 : 52 ; Snowbelle : 49 h ; Spayder pauk_79 : 69 ; SpelaG91 : 30 ; Tatevosian Yana : 4 ; TatianaMishina : 42 ; teatian : 65 ; TGTGTG : 22-23 ; ThamKC : 19 ; triocean : 44, 56 h ; Valentyn Volkov : 64 ; Vera Prokhorova : 89 ; Wirestock Creators : 95 ; Woodpond : 94 ; xpixel : 54, 55 b, 66 ; YanAngah : 88.